EXPOSITION UNIVERSELLE

DE PHILADELPHIE

(1876)

CATALOGUE

DU CERCLE

DE LA LIBRAIRIE

DE L'IMPRIMERIE

Et des industries qui s'y rattachent

A PARIS

AU CERCLE DE LA LIBRAIRIE

1, RUE BONAPARTE, 1

M DCCC LXXVI

EXPOSITION COLLECTIVE

DU

CERCLE DE LA LIBRAIRIE

A PHILADELPHIE

(1876)

3570.

J. Claye, imprimeur

Benoit 7. à Paris

EXPOSITION UNIVERSELLE
DE PHILADELPHIE
(1876)

CATALOGUE
DU CERCLE
DE LA LIBRAIRIE
DE L'IMPRIMERIE

Et des industries qui s'y rattachent

A PARIS
AU CERCLE DE LA LIBRAIRIE
1, RUE BONAPARTE, 1

M D CCC LXXVI

LIBRAIRIE

LIBRAIRIE POLYTECHNIQUE

DE

J. BAUDRY

ÉDITEUR

A PARIS, RUE DES SAINTS-PÈRES, 15

MÊME MAISON A LIÉGE

M. J. BAUDRY, Éditeur-libraire, à Paris, depuis 1844, a édité plusieurs ouvrages importants sur L'ARCHITECTURE, les ARTS, la DÉCORATION. Il a joint à cette spécialité, depuis 1863, l'édition des ouvrages relatifs à la SCIENCE DE L'INGÉNIEUR aux MINES, à la MÉTALLURGIE, à la MÉCANIQUE, aux CHEMINS DE FER, aux PONTS ET CHAUSSÉES, aux INDUSTRIES TEXTILES.

Enfin il est, depuis 1876, l'éditeur des NOUVELLES ANNALES DE LA CONSTRUCTION et du PORTEFEUILLE DES MACHINES.

M. J. BAUDRY a reçu la MÉDAILLE D'ARGENT à l'Exposition universelle de 1867, à Paris, et la MÉDAILLE DE MÉRITE à l'Exposition universelle de 1873 à Vienne et d'autres médailles aux Expositions moins importantes, auxquelles il a pris part.

M. J. BAUDRY fait en même temps la COMMISSION pour les Librairies de l'Étranger, et les FOURNITURES aux Gouvernements et aux chemins de fer.

2

OUVRAGES EXPOSÉS

JORDAN (S). — COURS DE MÉTALLURGIE, professé à l'École centrale. 140 planches in-folio cotées et à l'échelle, avec la lettre en français et en anglais, et 1 vol. in-8. . . . . 80 fr.

BURAT. — COURS D'EXPLOITATION DES MINES. 1 volume grand in-8 et 1 atlas in-folio de 108 planches. . . . . 70 fr.

BURAT. — COURS DE MINÉRALOGIE APPLIQUÉE. 1 volume in-8, avec 224 figures intercalées dans le texte. . . . . 10 fr.

GOSCHLER. — TRAITÉ PRATIQUE DE L'ENTRETIEN ET DE L'EXPLOITATION DES CHEMINS DE FER. 4 gros volumes in-8, avec de nombreuses gravures dans le texte et 1 atlas in-8 de 35 planches ; nouvelle édition. En vente les tomes I et II avec l'atlas. Service de la voie . . . . 32 fr.
Les tomes III et IV sont sous presse.

FONTAINE. — DESCRIPTION DES MACHINES LES PLUS REMARQUABLES ET LES PLUS NOUVELLES DE L'EXPOSITION DE VIENNE EN 1873 : Moteurs, machines-outils, locomotives, appareils divers ; précédé d'une notice sur les progrès récents de la métallurgie. 1 vol. grand in-8 et 1 atlas de 60 planches in-folio . . . . . 35 fr.

PRUD'HOMME (L.). — COURS PRATIQUE DE CONSTRUCTION. 2 volumes in-8 accompagnés de 330 figures dans le texte.. . 15 fr.

ÉVRARD. — LES MOYENS DE TRANSPORT APPLIQUÉS DANS LES MINES, LES USINES ET LES TRAVAUX PUBLICS, 2 volumes in-8 et 1 atlas de 125 planches in-folio . . . . 100 fr.

SPINEUX. — DE LA DISTRIBUTION DE LA VAPEUR DANS LES MACHINES. 1 vol. gr. in-8 et 1 atlas gr. in 8 de 26 p. doubles. 15 fr.

HERPIN (A.). — DICTIONNAIRE ASTRONOMIQUE. 1 beau volume in-8, avec figures et planches. . . . . 12 fr.

PORTEFEUILLE DE JOHN COCKERILL. — DESCRIPTION DES MACHINES, 3 forts vol. grand in-4 et atlas in-folio 300 pl. 300 fr.

OPPERMANN. — NOUVELLES ANNALES DE LA CONSTRUCTION. Publication rapide et économique des documents les plus récents et les plus intéressants relatifs à la construction française et étrangère, 50 à 60 planches grand format et 24 feuilles de texte par année. Prix de l'abonnement à Paris . . . . 15 fr.

OPPERMANN. — PORTEFEUILLE ÉCONOMIQUE DES MACHINES, de l'outillage et du matériel relatifs à la construction, aux chemins de fer, aux routes, à la navigation, aux mines, aux télégraphes, à l'industrie en général, 50 à 60 planches grand format, et 24 feuilles de texte par année. Prix de l'abonnement à Paris. . . . . . . 15 fr.

BARQUI. — L'ARCHITECTURE MODERNE EN FRANCE. 1 volume in-folio comprenant 120 planches et texte. . . . . 100 fr.

ROUYER. — L'ART ARCHITECTURAL. 2 magnifiques vol. grand in-4, contenant 200 planches et texte . . . . 200 fr.

ROUYER. — LES APPARTEMENTS PRIVÉS DE L'IMPÉRATRICE AUX TUILERIES. — 1 vol. in-folio contenant 20 planches imprimées sur papier de Chine. Prix en carton . . . . 50 fr.

LEJEUNE. — TRAITÉ PRATIQUE DE LA COUPE DES PIERRES. 1 vol. de texte in-8 de 600 pages et 1 atlas in-4 de 59 planches, contenant 381 figures. . . . . 40 fr.

BOUSSARD (J.). — ÉTUDES SUR L'ART FUNÉRAIRE MODERNE. 1 vol. grand in-folio contenant 200 planches . . . . 120 fr.

BOUSSARD (J.). — RECUEIL DES TOMBEAUX LES PLUS REMARQUABLES. 1 vol. in-4 contenant 52 planches gravées. . . . 50 fr

JOLY (Ch.). — TRAITÉ PRATIQUE DU CHAUFFAGE, DE LA VENTILATION ET DE LA DISTRIBUTION DES EAUX DANS LES HABITATIONS PARTICULIÈRES. 2e édition, considérablement augmentée. 1 vol. grand in-8, avec 375 figures dans le texte . . 10 fr

ALCAN (Michel). — TRAITÉ COMPLET DE LA FILATURE DU COTON. 1 gros vol. in-8 et un atlas grand in-4 de 38 planches doubles 35 fr.

ALCAN (Michel). — ÉTUDES SUR LES ARTS TEXTILES A L'EXPOSITION UNIVERSELLE DE 1867. 1 vol. in-8 et un atlas in-4 de 25 planches doubles . . . . 30 fr.

ALCAN (Michel). — TRAITÉ DU TRAVAIL DE LA LAINE CARDEE. 2 vol. in-8 et atlas in-4 de 40 planches doubles. . . . . . . 50 fr.

ALCAN (Michel). — TRAITÉ DU TRAVAIL DES LAINES PEIGNEES. 1 gros vol. in-8 et un atlas in-4 de 58 planches doubles. . . 40 fr.

GEYMULLER (baron Henry de), architecte. — LES PROJETS PRIMITIFS pour la basilique de SAINT-PIERRE DE ROME, par *Bramante, Raphael Sanzio, Fra Giocondo*, les *Sangallo*, etc., publiés pour la première fois en fac-simile, avec des restitutions nombreuses et un texte, atlas de 50 planches grand in-folio, et 1 volume de texte grand in-4 . . . . 100 fr.

LAMPUÉ. — CONCOURS D'ARCHITECTURE.

1re série, 1 vol. in-folio contenant 45 photographies.	70 fr.
2e — 1 vol. in-folio contenant 40 —	70 fr.
3e — 1 vol. in-folio contenant 42 —	70 fr.
4e — 1 vol. in-folio contenant 42 —	70 fr.

LAMPUÉ. — FRAGMENTS D'ARCHITECTURE ANTIQUE ET DE LA RENAISSANCE.

1re série, 1 vol. in-folio contenant 44 photographies.	70 fr.
2e — 1 vol. in-folio contenant 42 —	70 fr.

LAMPUÉ. — RENAISSANCE ITALIENNE, collection de photographies, d'après les dessins originaux des architectes pensionnaires de l'Académie de France à Rome. 1 vol. in-folio contenant 42 photographies. Prix . . . . 70 fr.

LAHURE (baron A.). — DIRECTION DES ARMÉES. NOTE SUR LE SERVICE DES ÉTATS-MAJORS EN CAMPAGNE ET EN TEMPS DE PAIX. 2 forts volumes in-8, avec cartes et plans. . . . . . 15 fr.

COSTA DE BASTELICA. — LES TORRENTS, leurs lois, leurs causes, leurs effets. Moyens de les réprimer et de les utiliser. Leur action géologique universelle. 1 vol. in-8, figures et planches . . . 7 fr. 50

BARBA (J.). — ÉTUDE SUR L'EMPLOI DE L'ACIER DANS LES CONSTRUCTIONS. 1 vol. grand in-8, avec fig. dans le texte. 5 fr.

WITH (Émile).— LES MACHINES. 2 beaux volumes in-8 cavalier avec 450 figures dans le texte . . . . 10 fr.

FLACHAT. — NAVIGATION A VAPEUR TRANSOCÉANIENNE. ÉTUDES SCIENTIFIQUES. 1 vol. in-8 et 1 atlas de 50 pl. 24 fr.

PAULET (Maxime). — TRAITÉ DE LA CONSERVATION DES BOIS, des substances alimentaires et de diverses matières organiques. 1 vol. grand in-8. . . . . 9 fr.

SCHMOLL. — TRAITÉ PRATIQUE DES BREVETS D'INVENTION. 1 vol. in-8 . . . . 7 fr. 50

VOGUÉ (le comte Melchior de). — LE TEMPLE DE JÉRUSALEM. 1 vol. in-folio avec grav. sur bois et 40 pl. dont 15 en coul. 100 fr.

VOGUÉ (le comte Melchior de). — L'ARCHITECTURE CIVILE ET RELIGIEUSE DU Ier AU VIIe SIÈCLE DANS LA SYRIE CENTRALE. 2 vol. grand in-4, contenant 150 planches gravées . . . . . 150 fr.

LIGER.— FOSSES D'AISANCES, LATRINES, URINOIRS ET VIDANGES. Historique, construction, ventilation, désinfection, etude des différents systèmes, applications à l'agriculture, législation et jurisprudence. 1 vol. grand in-8 avec 210 figures dans le texte et 16 planches hors texte. . . . . 20 fr.

PONSON. — TRAITÉ DE L'EXPLOITATION DES MINES DE HOUILLE. 4 gros vol. in-8 et 1 atlas de 80 pl., 2e édition. . 72 fr.

PONSON. — SUPPLÉMENT AU TRAITÉ DE L'EXPLOITATION DES MINES DE HOUILLE. 2 gros vol. in-8 et 1 atlas de 68 planches in-folio. . . . . 60 fr.

BALDUS. — LES MONUMENTS PRINCIPAUX DE LA FRANCE. Cet ouvrage se composera de 60 planches en héliogravure et sera publié en 3 livraisons de 20 planches. Très-grand in-folio.
Prix de la livraison. . . . . 80 fr.
L'ouvrage complet . . . . 240 fr.
La première livraison est en vente.

EUGÈNE BELIN

LIBRAIRE-ÉDITEUR

Rue de Vaugirard, 52, à Paris.

Imprimerie à Saint-Cloud, rue du Calvaire, 3 (Seine-et-Oise).

MAISON FONDÉE EN 1847

LIVRES CLASSIQUES. — PUBLICATIONS D'ENSEIGNEMENT PRIMAIRE.
CARTES EN RELIEF
pour l'étude de la Géographie.

RÉCOMPENSES

Médaille de bronze, Paris, 1867	Médaille d'argent, Lyon, 1872
Médaille de 1ʳᵉ classe, le Havre, 1868	Médaille, Londres, 1872
Prix extraordinaire, Lille, 1868	Méd. de 1ʳᵉ classe, Amsterdam, 1873
Médaille d'argent, Beauvais, 1869	Médaille de mérite, Vienne, 1873

Médaille de 1ʳᵉ classe, au Congrès International des Sciences géographiques
Paris, 1875.

Se tenir en garde contre toutes les exagérations, rester à l'écart de tous les systèmes bruyants, chercher par une longue et patiente investigation les voies raisonnables et pratiques, étudier les procédés nouveaux et ne les appliquer qu'après minutieux examen : tels sont les moyens qui ont acquis à cette maison une place honorable parmi les premières. Toutes les publications éditées par la librairie d'Eugène Belin sont sorties de son imprimerie de Saint-Cloud, brûlée par les Prussiens pendant l'armistice, au mois de janvier 1871, et reconstruite en 1872.

Les trois collections d'auteurs français, latins et grecs sont assurément le résultat d'un des efforts les plus heureux et en même temps les plus énergiques en faveur de l'enseignement secondaire.

La collection d'ouvrages destinée à l'enseignement primaire vient d'obtenir récemment un grand et légitime succès. Elle a été adoptée presque tout entière pour les écoles de la ville de Paris.

Le catalogue complet de la librairie d'Eugène Belin ne comprend pas moins de **1,000** publications réparties sous les dénominations suivantes :

1º Instruction morale et religieuse. — 2º Législation usuelle. — 3º Pédagogie. — 4º Grammaire. — 5º Littérature. — 6º Philosophie. — 7º Sciences mathématiques, physiques et naturelles. — 8º Histoire. — 9º Géographie.

PRINCIPAUX OUVRAGES EXPOSÉS

GRANDE CARTE EN RELIEF ET ÉCRITE DE LA FRANCE
par MM. PIGEONNEAU et DRIVET. . . . . 50 fr. »

INSTRUCTION RELIGIEUSE : *Cours d'histoire sainte* par M. l'abbé
BERNARD. 3 vol.
Manuel d'Instruction religieuse par M. l'abbé GROSSE. . . 5 fr. »

GRAMMAIRES : *Enseignement uniforme des langues,* Grammaires
française, latine, grecque, anglaise et allemande, par MM. LECLAIR,
LECLAIR et ROUZÉ, LECLAIR et FEUILLET, LECLAIR et MAILFAIT
LECLAIR et SEVRETTE, LECLAIR et SKLOWER.

DICTIONNAIRES : *Dict. français* par M. TH. BÉNARD. . 2 fr. 60
Dictionnaire de législation usuelle par M. CADET. . . : . 5 fr. 50
Dictionnaire latin-français par M. LEBAIGUE . . . . . . 9 fr. 50

HISTOIRE ET GÉOGRAPHIE : *Cours* de M. PIGEONNEAU. 15 vol.
Cours de M. l'abbé DRIOUX. 25 volumes.
Histoire contemporaine par M. BRISSAUD. . . . . 6 fr. 50
Atlas universel par MM. DRIOUX ET LEROY . . . . 12 fr. 50
Atlas des guerres de la République et de l'Empire par M. HUBAULT.
La Géographie appliquée à la Marine, au Commerce, à l'Industrie, etc.
par M. BAINIER (1er fascicule, l'ouvrage complet formera 4 vol.
grand in-8 et atlas).

LITTÉRATURE : *Cours de littérature* par M. l'abbé DRIOUX. 9 vol.
Histoire de la langue et de la littérature françaises au moyen âge,
par M. CH. AUBERTIN. Tome Ier. . . . . 7 fr. 50

PHILOSOPHIE : *Lectures de philosophie* par M. CHARLES. 2 vol. in-8.

LIVRES DE LECTURE : *Francinet* par M. G. BRUNO, in-12. 1 fr. 50
Études scientifiques par M. MAIGNE. 4 vol.

*Classiques français, latins et grecs, annotés par une réunion de pro-
fesseurs, d'inspecteurs et de recteurs.*

VOIR LE CATALOGUE COMPLET

LIBRAIRIE CLASSIQUE
ARMAND COLIN ET CIE

16, RUE DE CONDÉ, PARIS

Diplôme de mérite, Exposition de Vienne 1873
Mention honorable au Congrès international des Sciences géographiques
Paris, 1875

Fondée en 1870, quelques mois seulement avant la terrible guerre franco-allemande, cette librairie a mis à profit le mouvement qui se déclara au lendemain de nos désastres en faveur de l'enseignement primaire.

MM. A. COLIN et Cie ont dirigé leurs efforts vers le champ si vaste des connaissances élémentaires, et ils ont publié successivement une série d'ouvrages qui n'ont pas tardé à prendre place parmi les plus répandus.

Assurés du concours d'hommes amis de l'enfance et connaissant à fond les exigences de l'enseignement élémentaire, ils se sont attachés à ne publier que des ouvrages clairs, méthodiques et d'un caractère essentiellement pratique.

Dès l'Exposition de Vienne de 1873, le cours de grammaire de MM. LARIVE et FLEURY valait à cette maison un *diplôme de mérite*.

En 1874, la *Société pour l'Instruction élémentaire*, dont la compétence en matière d'enseignement primaire est universellement reconnue, décernait à cette librairie une *médaille d'argent*, la plus élevée de ses récompenses.

Depuis MM. A. COLIN et Cie ont les premiers obtenu de *l'imprimerie française* des atlas géographiques en *chromotypographie*, atlas qui sont livrés aux enfants des écoles à un bon marché relativement remarquable.

Ces atlas, rédigés par M. P. FONCIN et destinés à vulgariser en France une science trop longtemps négligée, ont été accueillis avec une faveur marquée due tant à l'adoption du coloris typographique qu'à d'heureuses qualités pédagogiques.

Le Congrès international des Sciences géographiques tenu à Paris en 1875 a du reste accordé à ces utiles publications une *mention honorable*.

OUVRAGES EXPOSÉS

MÉTHODE NÉEL. — Lecture. Écriture. Leçons de choses. Notions premières, en deux tableaux muraux et deux livrets. (Adopté par la Ville de Paris.)

Tableaux muraux, grand format (en feuilles) . . . .   5 fr. »
Tableaux muraux, petit format (en feuilles). . . . .   1 fr. 60
Premier livret, 42 gravures, cartonné. . . . .   » fr. 30
Deuxième livret, 162 gravures, cartonné. . . . .   » fr. 50

LA PREMIÈRE ANNÉE DE LECTURE COURANTE. — Morale. Connaissances usuelles. Devoirs envers la patrie, par *M. Guyau*, in-12, cartonné, avec gravures. . . . .   1 fr. 50

NOUVEAU COURS DE LANGUE FRANÇAISE, en trois années, par *MM. Larive et Fleury*.

La Première année de grammaire, élève,   in-12 cartonné.   0 fr. 75
—   —   maître,   —   —   1 fr. 60
Exercices de première année. . . . élève,   —   —   » fr. 75
—   —   maître,   —   —   1 fr. 60
La Deuxième année de grammaire, élève,   —   —   1 fr. 25
—   —   maître,   —   —   2 fr. 50
Exercices de deuxième année. . . . élève,   —   —   1 fr. 25
—   —   maître,   —   —   2 fr. 50
La Troisième année de grammaire, élève,   —   —   1 fr. 80

COURS D'ARITHMÉTIQUE, par *M. P. Leyssenne*.

La Première année d'arithmétique, élève.   —   —   » fr. 80
—   —   réponses.   —   —   » fr. 30
La Deuxième année d'arithmétique, élève.   —   —   1 fr. 70
—   —   maître.   —   —   2 fr. 50

COURS DE GÉOGRAPHIE ÉLÉMENTAIRE, par *M. P. Foncin* (tiré en chromotypographie).

Géographie préparatoire, à l'usage des petits enfants, oblong, cartonné, avec gravures . . . .   » fr. 75

La première année de géographie, cartes, textes, devoirs, gravures. In-4, cartonné . . . .   1 fr. 30
La même, partie du maître, in-4, cartonné . . . .   2 fr. 50

FEUILLES DE GÉOGRAPHIE. — Nouvelles cartes muettes avec devoirs (tirées en bleu), à . . . .   » fr. 05

COURS D'HISTOIRE SAINTE, par *M. Th. Bénard*.

Textes et récits d'histoire sainte. In-12, cartonné, avec cartes et gravures. . . . .   » fr. 90

ANCIENNE MAISON DEZOBRY ET MAGDELEINE

LIBRAIRIE CLASSIQUE ET D'ÉDUCATION

DE

CH. DELAGRAVE

Paris. — 58, rue des Écoles, 58

MÉDAILLE A L'EXPOSITION UNIVERSELLE DE LONDRES EN 1862

MÉDAILLE D'ARGENT ET DE BRONZE A L'EXPOSITION UNIVERSELLE DE 1867

MÉDAILLE D'OR A L'EXPOSITION MARITIME DU HAVRE EN 1868

MÉDAILLE DE PREMIÈRE CLASSE A L'EXPOSITION D'AMSTERDAM EN 1869

MÉDAILLE D'ARGENT A L'EXPOSITION DE LYON EN 1872

MÉDAILLE DE PROGRÈS A L'EXPOSITION UNIVERSELLE DE VIENNE EN 1873

MÉDAILLE DE PREMIÈRE CLASSE

AU CONGRÈS INTERNATIONAL DE GÉOGRAPHIE (PARIS 1875)

La librairie Ch. DELAGRAVE, fondée par MM. DEZOBRY et MAGDELEINE, est avant tout une *Librairie classique.*

Elle s'est depuis longtemps concilié les suffrages des membres de l'enseignement par ses *Éditions annotées des classiques français, latins et grecs;* par sa belle *Collection d'ouvrages scientifiques,* qui se complète chaque jour, et plus récemment, par sa collection *d'ouvrages pour l'enseignement secondaire spécial.*

Les publications *d'enseignement primaire* tiennent une large place dans son catalogue. Elles sont en conformité avec les tendances actuelles de la pédagogie.

La librairie DELAGRAVE a édité d'autre part une série *d'Appareils* variés pour l'enseignement de la lecture, de l'écriture, de la numération, de collection d'images, etc. ; ainsi qu'un *Matériel spécial pour les salles d'asile.*

M. Charles DELAGRAVE a fondé récemment avec le concours de savants distingués *l'Institut géographique de Paris,* des voyageurs, des marins, des officiers, des ingénieurs, des professeurs, des dessinateurs, etc., forment le comité scientifique. Un bureau de dessinateurs, des ateliers de gravure, de coloris, de moulage, etc., dépendent de l'Institut. De la sorte s'établit un échange continuel de communication entre les auteurs et les artistes qui exécutent leurs œuvres. Aussi toute publication qui est revêtue de l'estampille de *l'Institut géographique* offre-t-elle sous tous les rapports les garanties du plus consciencieux travail.

PRINCIPALES PUBLICATIONS

ENCYCLOPÉDIE

EN TROIS GRANDS DICTIONNAIRES GÉNÉRAUX :

I. — DICTIONNAIRE GÉNÉRAL DE BIOGRAPHIE, D'HIS-TOIRE, DE GÉOGRAPHIE, DE MYTHOLOGIE, DES ANTI-QUITÉS, DES INSTITUTIONS, par DEZOBRY et BACHELET. 2 volumes grand in-8 de plus de 3,000 pages. Prix, broché, 25 fr. relié demi-chagrin . . . . 33 fr. »

II. — DICTIONNAIRE GÉNÉRAL DES LETTRES, DES BEAUX-ARTS ET DES SCIENCES MORALES, ET POLITIQUES, par BACHELET et DEZOBRY. 2 volumes grand in-8 de 1,900 pages avec nombreuses figures. Broché, 25 fr ; relié demi-chagrin 31 fr. 50

III. — DICTIONNAIRE GÉNÉRAL DES SCIENCES THÉORI-QUES ET APPLIQUÉES, par PRIVAT-DESCHANEL et FOCILLON. 2 vol. grand in-8 de 2,700 p. avec 3,000 figures. Broché, 32 fr. relié demi-chagrin . . . . 40 fr. »

DICTIONNAIRE GÉNÉRAL DES PÊCHES, par H. DE LA BLAN-CHÈRE. 1 vol. gr. in-8 avec illustrations et planches coloriées de MESNEL. Relié demi-chagrin, tranches dorées . . 35 fr. »

DICTIONNAIRE DE LA SANTÉ, par le docteur FONSSAGRIVES. 1 vol. grand in-8 à 2 col. Broché, 15 fr.; relié percal., 17 fr. 50 relié demi-chagrin. . . . . 18 fr. 50

INSTITUT GÉOGRAPHIQUE DE PARIS

Grands Atlas Brué revus par E. LEVASSEUR (format in-folio) :

ATLAS UNIVERSEL (67 cartes et 85 cartons), relié. . . 75 fr. »

ATLAS DE GÉOGRAPHIE moderne (50 cartes), relié. 60 »

ATLAS DE GÉOGRAPHIE ancienne et moderne, 36 fr.; rel. 40 fr. »

ATLAS DE GÉOGRAPHIE moderne (21 feuilles), relié. 25 »

COLLECTION DE CARTES DE CABINET, par Brué, nouvelle
édition revue par Levasseur (de l'Institut). France, Amérique
du Nord, Amérique du Sud, Europe, Planisphère, Asie, Afrique,
Océanie. — Prix de chacune, mont. sur gorg. et rouleau, vernie.
Prix . . . . 35 fr. »

CARTES MURALES

CARTE MURALE DE LA FRANCE, à $\frac{1}{1.000.000}$, par E. Levasseur,
de l'Institut. — Prix, collée sur toile, montée, vernie. 20 fr. »

CARTE DES CHEMINS DE FER FRANÇAIS, par le même, collée
sur toile, montée, vernie . . . . 25 fr. »

CARTE MURALE DE L'EUROPE à $\frac{1}{1.000.000}$, par le même, collée
sur toile, montée, vernie. . . . . 25 fr. »

CARTE MURALE DE L'EUROPE, par Naud-Évrard, collée sur
toile, montée, vernie . . . . 20 fr. »

CARTE MURALE DE L'EUROPE, par Larochette, collée sur
toile, montée, vernie . . . . 16 fr. »

FRANCE EN RELIEF par E. Levasseur et C. Kleinhans.
(Échelle $\frac{1}{1.000.000}$, pour les longueurs. — $\frac{1}{50.000}$, pour les hauteurs). Médaille de 1re classe à l'Exposition Internationale des
Sciences géographiques à Paris (août 1875).
La carte en plâtre mat ou colorié. . . . . 75 fr. »
— avec limites des départements. . . . . 80 fr. »
— avec limites des dép. chem. de fer, noms . . . . 150 fr. »
— coloriée géologiquement. . . . . 500 fr. »
(L'emballage et le port à part.)

Grande collection de globes terrestres et astronomiques.
Reliefs topographiques, etc.

DICTIONNAIRE DE CHIMIE INDUSTRIELLE, par BARRESWIL et AIMÉ GIRARD, avec la collaboration de plusieurs savants, 5 vol. in-8 avec nombreuses fig., brochés . . . . . 32 fr. »

LE LIVRE DE LA FERME et des maisons de campagne, sous la direction de P. JOIGNEAUX, 2 forts vol. illustrés, brochés. Prix . . . . 32 fr. »

L'AGRICULTURE FRANÇAISE, principes d'agriculture appliqués aux diverses parties de la France, par LOUIS GOSSIN, 1 beau vol. grand in-4 avec carte agricole, nombreuses figures et 40 planches d'animaux, dessinées par L. BONHEUR, ROSA BONHEUR, ROYER, etc., broché. 30 fr. »

ROME AU SIÈCLE D'AUGUSTE, ou Voyage d'un Gaulois à Rome à l'époque du règne d'Auguste et pendant une partie du règne de Tibère, accompagné d'une description de Rome sous Auguste et sous Tibère, par CH. DEZOBRY, 4ᵉ édit., revue, augmentée et ornée de divers plans et de vues de Rome antique. 4 beaux volumes in-8, avec vignettes dans le texte et illustrations en taille-douce, brochés. . . . . 32 fr. »

HISTOIRE DES CROISADES, par MICHAUD, splendide édit. avec un appendice par HUILLARD-BREHOLLEN, avec belles gravures sur acier, carte. 4 vol. in-8, brochés . . . . 24 fr. »

LES GRANDES ÉPOQUES DE LA FRANCE, des origines de la Révolution, par MM. HUBAULT et MARGUERIN. Ouvrage couronné par l'Académie française. 1 fort volume grand in-8, illustré par GODEFROY DURAND. Relié. . . . . 18 fr. »

PUBLICATIONS MILITAIRES

Sous ce titre nous rangeons :

1° Les *Manuels à l'usage des écoles* régimentaires rédigés conformément aux programmes du ministère de la guerre.

2° Les *Ouvrages de science militaire* destinés aux officiers de toutes armes, ainsi que les instruments de géodésie, etc.

V. Adrien DELAHAYE

ET Cie

LIBRAIRES-ÉDITEURS

23, place de l'École-de-Médecine, 23

ANATOMIE, PHYSIOLOGIE, MÉDECINE
CHIRURGIE, ETC.

ÉDITEURS DE LA SOCIÉTÉ DE BIOLOGIE
ET DE LA SOCIÉTÉ ANATOMIQUE DE PARIS

MÉDAILLE D'ARGENT

A l'Exposition universelle de 1867

La maison DELAHAYE a été fondée en 1856.

Ses premières publications furent celles des ouvrages de MM. Bazin, Hardy et Ricord.

Elle a ensuite publié les ouvrages de MM. Bérenger-Féraud, Berthier, Bossu, Brinton, Bucquoy, Charcot, Chevalier, Depaul, Desprès, Dolbeau, Fano, Fauvel, Follin, Fort, Fourcy (de), Fournié (E), Fournier (A), Freidrich, Gailleton, Garrod, Giraldès, Gosselin, Graves, Griésenger, Guéneau de Mussy (Noël), Guérin, Hervieux, Jaccoud, Labbé (L), Lancereaux, Langlebert, Lebret, Legrand du Saulle, Magnan, Malgaigne, Mallez, Mercier, Nonat, Panas, Péan, Reliquet, Riant, Rosenstein, Roudanowski, Sappey, Stokes, Sucquet, Thomas (L), Toynbée, Troeltsch, Wecker (de) et Voillez.

Archives de Tocologie, maladies des femmes et des enfants nouveau-nés.

La France médicale et Revue médico-photographique des hôpitaux de Paris.

14

OUVRAGES EXPOSÉS

SAPPEY (Ph.-C.). *Anatomie, Physiologie, Pathologie des vaisseaux lymphatiques considérés chez l'homme et les vertébrés.* 1 vol. in-folio. 1875-77.

> Avis. — Cet ouvrage sera publié en dix livraisons. Les quatre premières ont paru. Les autres seront livrées aux souscripteurs successivement et à des intervalles assez courts pour que l'ouvrage soit terminé en 1877.
>
> Le prix de chaque livraison est de . . . . 20 fr. »

SAPPEY (Ph.-C.). *Traité d'Anatomie descriptive.* 2me édition entièrement refondue. 4 vol. in-8, avec 911 figures intercalées dans le texte. 1867-74.. . . . . 48 fr. »

SAPPEY (Ph.-C.). *Traité d'Anatomie descriptive,* avec figures intercalées dans le texte. 3me édition revue et améliorée. 4 vol. in-8. 1876.   48 fr.   »
Les tomes I et II sont en vente.
Les tomes III et IV paraîtront dans le courant de l'année 1876.

JACCOUD. *Traité de Pathologie interne.* 4me édition revue et augmentée. 2 vol. in-8 avec 33 planches en chromolithographie. 1875. .   25   fr.   »

JACCOUD. *Leçons de Clinique médicale,* faites à l'hôpital de la Charité. 3me édition. 1 volume in-8, avec 11 planches en chromolithographie. 1874 . . . . 15 fr.   »

JACCOUD. *Leçons de Clinique,* faites à l'hôpital Lariboisière. 2me édition avec 10 planches en chromolithographie. 1874. . . . . 15 fr.   »

CHARCOT. *Leçons sur le système nerveux.* Recueillies et publiées par le Dr Bourneville. 2me édition revue et augmentée. Tome I. 1 vol. in-8, avec 27 figures intercalées dans le texte, 9 planches en chromolithographie et 1 eau-forte. 1875 . . . . 12 fr.   »

DEPAUL. *Leçons de Clinique obstétricale,* professées à l'hôpital des cliniques, rédigées par le Dr De Soyre. 1 vol. in-8, avec figures intercalées dans le texte. 1872-76 . . . . 16 fr.   »

GUÉNEAU DE MUSSY (Noël). *Clinique médicale de l'Hôtel-Dieu.* 2 vol. in-8. 1874-75 . . . . 24 fr.   »

FOURNIER (Alfred). *Leçons cliniques sur la Syphilis étudiée plus parti-culièrement chez la femme.* 1 vol. in-8, avec tracés sphygmographiques. 1873. . . . . 15 fr. »

LANCEREAUX. *Traité d'Anatomie pathologique.* Tome Ier, Ire partie : *Anatomie pathologique générale.* 1 vol. in-8, avec 191 figures intercalées dans le texte. 1875. Prix du tome Ier complet . . . . . . 18 fr. »
La 2me partie du tome Ier paraîtra fin avril 1876. L'ouvrage complet formera 2 volumes in-8.

WECKER. *Traité théorique et pratique des Maladies des yeux.* 2me édition revue et augmentée. 2 vol. in-8 avec 274 figures intercalées dans le texte et 9 planches. 1867-68. . . . . 24 fr. »

WECKER ET JŒGER. *Traité des Maladies du fond de l'œil.* 1 vol. grand in-8, accompagné d'un atlas de 29 planches en chromolitho-graphie. 1870 . . . . 35 fr. »

PAUVEL. *Traité pratique de Laryngoscopie.* 1 vol. in-8, avec 160 figures intercalées dans le texte, et 20 planches en chromolithographie. 1876. . . . . 20 fr. »

LABBÉ. *Leçons de Clinique chirurgicale.* 1 vol. in-8, avec une planche. 1876. . . . . 12 fr. »

LEGRAND DU SAULLE. *Traité de Médecine légale et de Jurisprudence médicale.* 1 vol. in-8. 1874 . . . . 18 fr. »

FORT. *Anatomie descriptive et Dissection* contenant un Précis d'embryo-logie, la structure microscopique des organes et celle des tissus. 3me édition revue et augmentée. 3 vol. in-12 avec 1,227 figures interca-lées dans le texte. 1875. . . . . 30 fr. »

FORT. — *Pathologie et Clinique chirurgicale.* 2me édition, revue et con-sidérablement augmentée. 2 vol. in-8 avec 542 figures intercalées dans le texte. 1873 . . . . 25 fr. »

FORT. — *Traité élémentaire d'Histologie,* 2me édition, 1 vol. in-8, avec 522 figures intercalées dans le texte, 1873 . . . . 14 fr. »

RELIQUET. — *Traité des opérations des voies urinaires.* 1 vol. in-8 avec figures dans le texte. 1871 . . . . 10 fr. »

NONAT. — *Traité pratique des maladies de l'utérus,* de ses annexes et des organes génito-externes. 2me édition , revue et augmentée avec la collaboration du docteur Linas 1 vol. in-8, avec figures dans le texte, 1870-1874 . . . . 17 fr. »

FANO. — *Traité élémentaire de Chirurgie.* 2 vol. in-8 avec 307 figures intercalées dans le texte, 1869-1872 . . . . 28 fr. »

HERVIEUX. — *Traité clinique et pratique des maladies puerpérales et des suites de couches.* 1 vol. in-8 avec figures dans le texte, 1870. Prix . . . . 15 fr. »

WOILLEZ. — *Traité clinique des maladies aiguës des organes respiratoires.* 1 vol. in-8 avec 93 figures intercalées dans le texte et 8 planches en chromolithographie, 1871 . . . . 13 fr. »

Comptes rendus des séances et mémoires de la Société de biologie. Tome xxv (année 1873). Un vol. in-8 avec 7 planches en chromolithographie, 1874 . . . . 7 fr. »

CHÉREAU. — *Le Parnasse médical français,* ou *Dictionnaire des médecins-poëtes de la France, anciens et modernes, morts ou vivants.* Un joli vol. in-12, 1874 . . . . 7 fr. »

LANGLEBERT. — *Aphorismes sur les maladies vénériennes,* suivis d'un formulaire magistral pour le traitement de ces maladies. 2e édition revue et augmentée. 1 joli vol. in-32, avec vignettes 1875 . 3 fr. 50

LANGLEBERT. — *La Syphilis dans ses rapports avec le mariage.* 1 vol. in-12. 1873 . . . . 3 fr. 50

LE BRET. — *Manuel médical des Eaux minérales.* 1 vol. in-12, 1874. Prix. . . . . 5 fr. 50

LE DUC (Philibert). — *L'École de Salerne,* avec la traduction burlesque du docteur Martin. Nouvelle édition, revue pour le latin sur les meilleurs textes et pour la traduction, sur l'édition originale de 1650, augmentée de 2 suppléments latins traduits et annotés et d'extraits des anciens commentateurs. 1 joli vol. petit in-18, 1875 . . . . 3 fr. »

RIANT. — *Leçons d'hygiène,* contenant les matières du programme officiel adopté par le Ministre de l'Instruction publique pour les lycées et les écoles normales. 1 vol. in-12, 1873 . . . . 6 fr. »

THOMAS. — *Traité des opérations d'urgence,* précédé d'une introduction et revu par le professeur Verneuil. 1 vol. in-12, avec 61 figures intercalées dans le texte. 1875 . . . . 7 fr. 50

FOURNIER, FRACASTOR. — *La Syphilis, 1530; le Mal français, 1546.* traduction et commentaire. 1 joli vol. in-12, 1870 . . . . . 2 fr. 50

IMPRIMERIE ET LIBRAIRIE

DE

Jules DELALAIN & Fils

IMPRIMEURS DE L'UNIVERSITÉ DE FRANCE

PARIS. — RUE DES ÉCOLES

VIS-A-VIS DE LA SORBONNE

1764
NICOLAS DELALAIN

1801
AUGUSTE DELALAIN

1836-1866
JULES DELALAIN
HENRI DELALAIN
PAUL DELALAIN

DISTINCTIONS HONORIFIQUES

M. JULES DELALAIN

CHEVALIER DE LA LÉGION D'HONNEUR, OFFICIER DE L'INSTRUCTION PUBLIQUE

MM. HENRI ET PAUL DELALAIN

OFFICIERS D'ACADÉMIE

MÉDAILLES DES EXPOSITIONS :

PARIS EN 1855, LONDRES EN 1862,
BORDEAUX EN 1865, PARIS EN 1867 (3 MÉDAILLES),
AMSTERDAM EN 1869, LYON EN 1872,
VIENNE EN 1873.

SPÉCIALITÉ DE L'ÉTABLISSEMENT

Livres d'École et de Classe pour l'Enseignement primaire,
l'Enseignement secondaire classique et spécial,
les Bibliothèques scolaires communales.
Collection de deux mille éditions de Classiques
en français, grec, latin, allemand, anglais, espagnol, italien.

*Le catalogue de la Librairie est envoyé, dans les pays de l'Union postale
de Berne, à toute personne qui en fera la demande affranchie.*

PRINCIPAUX OUVRAGES EXPOSÉS

ANNUAIRE DE L'INSTRUCTION PUBLIQUE, publication annuelle
Années 1870-1875, 5 volumes in-18.
L'année courante. 4 fr. »

ATLAS COMPLET DE GÉOGRAPHIE ANCIENNE, MODERNE ET
CONTEMPORAINE, par M. H. Chevallier. 1 vol. in-folio, reliure
toile. . . . . 12 fr. 50

ATLAS DES BASSINS DE LA FRANCE ET DE L'EUROPE CENTRALE,
par Vuillemin. In-4 jésus, reliure toile . . . . 5 fr. »

COLLECTION DES CLASSIQUES ALLEMANDS, par H. Grimm. 15 vol.
in-18, cartonnés. 18 fr. »
Chaque volume se vend séparément.

COLLECTION DES CLASSIQUES ANGLAIS, par E. Sedley. 18 vol.
in-18, cartonnés. 20 fr. »
Chaque volume se vend séparément.

COLLECTION DES CLASSIQUES FRANÇAIS, par F. Estienne.
22 volumes in-18, cartonnés. . . . . 28 fr. »
Chaque volume se vend séparément.

COLLECTION DES CLASSIQUES GRECS, par T. Budé. 22 volumes
in-18, cartonnés. 31 fr. »
Chaque volume se vend séparément.

COLLECTION DES CLASSIQUES LATINS, par D. Turnèbe. 25 vol.
in-18, cartonnés . . . . 26 fr. »
Chaque volume se vend séparément.

COURS COMPLET D'ENSEIGNEMENT ÉLÉMENTAIRE, par
G. Beleze. 22 vol. in-18.
Chaque volume se vend séparément, cartonné. . . . . . . 1 fr. 50

DICTIONNAIRE ÉLÉMENTAIRE FRANÇAIS-LATIN, par Geoffroy.
In-8, reliure toile. . . . . 3 fr. 75

DICTIONNAIRE FRANÇAIS-ANGLAIS ET ANGLAIS-FRANÇAIS, par
M. A. Elwall. In-12, reliure toile. . . . . 10 fr. »

PETIT COURS D'ENSEIGNEMENT PRIMAIRE, par G. Beleze.
15 volumes in-18.
Chaque volume se vend séparément, cartonné. . . . . . . 0 fr. 75

PETIT COURS DE SCIENCES NATURELLES ET AGRICOLES, par
Saucerotte. 6 volumes in-18.
Chaque volume se vend séparément, cartonné . . . . . . 0 fr. 80

RECUEIL DES LOIS ET ACTES DE L'INSTRUCTION PUBLIQUE.
Publication annuelle, années 1870-1875, 5 volumes in-8.
L'année courante. 6 fr. »

LIBRAIRIE ACADÉMIQUE

DIDIER ET CIE

QUAI DES GRANDS-AUGUSTINS, 35

A PARIS

Cette maison, fondée en 1827, s'est distinguée en publiant, de 1828 à 1830, les cours publics qui ont jeté tant d'éclat, de MM. Guizot, Villemain et Cousin; elle a renouvelé, vers 1835 à 1840, les livres à l'usage de la jeunesse, en éditant avec soin une *Bibliothèque d'éducation,* composée des ouvrages de Mmes Guizot, Am. Tastu, Ulliac, etc. Elle a exploité ensuite avec une vogue soutenue le *Grand Dictionnaire français* de Napoléon Landais. Depuis 1845 elle a participé au mouvement de diffusion produit par les éditions in-12 ou in-18 jésus, en créant une collection qui, sous le titre de : *Bibliothèque académique,* contient les œuvres de Mignet, Villemain, Guizot, Cousin, Rémusat, Am. Thierry, Barante, Littré, P. Clément, Ampère, Géruzez, Beulé, Zeller, etc., s'enrichissant tous les jours des meilleurs noms dans l'histoire, la littérature et la philosophie, auxquelles la librairie académique Didier et Cie est naturellement destinée. Elle compte parmi ses récents succès les ouvrages de Camille Flammarion et dans un autre ordre d'idées ceux de Mmes Craven, Swetchine et Eugénie de Guérin. Cette librairie possède l'important ouvrage intitulé le *Trésor de numismatique* et publie depuis 1860 la *Revue archéologique,* recueil fort apprécié des savants français et étrangers.

LISTE DES OUVRAGES

A L'EXPOSITION DE PHILADELPHIE

~~~~~~~~~~~~~~~~~~

ROME SOUTERRAINE, 1 vol. grand in-8 avec planches.

Guizot, DICTIONNAIRE DES SYNONYMES, grand in-8.

Amédée Thierry, HISTOIRE DES GAULOIS, 2 vol. in-8.

Guizot, CIVILISATION EN EUROPE, 1 vol. in-8 avec portrait.

Cousin, DU VRAI, DU BEAU ET DU BIEN, 1 vol. in-8 avec portrait

V. Cousin, JEUNESSE DE Mme DE LONGUEVILLE, 1 vol. in-8. avec portrait.

Villemain, HISTOIRE DE GRÉGOIRE VII, 2 vol. in-8 avec portrait.

Mignet, RIVALITÉ DE FRANÇOIS Ier ET DE CHARLES-QUINT. 2 vol. in-8.

Pierre Clément, HISTOIRE DE COLBERT, 2 vol. in-8.

Mignet, HISTOIRE DE LA RÉVOLUTION FRANÇAISE, 2 vol, in-12.

Beulé, FOUILLES ET DÉCOUVERTES, 2 vol. in-12.

Joubert, ŒUVRES, 2 vol. in-12.

Géruzez, HISTOIRE DE LA LITTÉRATURE FRANÇAISE, 2 vol. in-12.

Flammarion, DIEU DANS LA NATURE, 1 vol. in-12 avec portrait.

Maurice et Eugénie de Guérin, 3 vol. in-12.

Madame Craven, RÉCIT D'UNE SŒUR, 2 vol. in-12.

Madame de Witt, LES PETITS ENFANTS, 1 vol. in-12. avec fig.

Michel Masson, LES ENFANTS CÉLÈBRES, 1 vol. in-12 avec fig.

Napoléon Landais, PETIT DICTIONNAIRE FRANÇAIS, illustré, 1 vol. in-32.

Napoléon Landais, GRAND DICTIONNAIRE, 2 vol. in-4.

TRÉSOR DE NUMISMATIQUE, spécimen, vol. in-folio.

FIRMIN DIDOT ET Cᴵᴱ

IMPRIMEURS

DE L'INSTITUT DE FRANCE

56, RUE JACOB, 56

La maison Firmin Didot a eu successivement pour chefs (nous ne prenons pour point de départ que le nom de celui qui a commencé à avoir une réputation dans la corporation des libraires) : François Didot, syndic de la communauté des libraires, né en 1689, mort en 1757; Ambroise-François Didot, mort en 1804; Firmin Didot, frère de Pierre Didot, le célèbre éditeur des éditions du Louvre, célèbre lui-même par l'invention du stéréotypage; puis MM. Ambroise et Hyacinthe-Firmin Didot, ses fils et enfin ses petits-fils, MM. Paul et Alfred-Firmin Didot. Elle est actuellement exploitée en société, sous la raison sociale Firmin Didot et Cie; les deux gérants sont, depuis le décès de M. Ambroise-Firmin Didot arrivé le 22 février 1876, MM. Alfred-Firmin Didot et Edmond Magimel.

Indépendamment de la fabrique de papier que la maison Didot possède à Sorel (Eure-et-Loir), et dont il n'est ici question que pour mémoire, puisque, malgré son importance, il n'est pas fait d'exposition dans cette branche d'industrie, elle a encore deux imprimeries : l'une, typographique au Mesnil-sur-l'Estrée (Eure), où le travail de la composition, confié à des femmes, a parfaitement réussi, à ce point que la célèbre collection des *Classiques grecs* sort tout entière de ces ateliers, qui occupent 250 ouvrières, et où l'impression est faite par 15 presses mécaniques à vapeur; l'autre, chromolithographique, à Paris, fondée il y a cinq ans à peine, occupant quatre presses à vapeur et ayant déjà livré au public français et anglais des produits qui ont excité une vive admiration, notamment à l'Exposition de Vienne et à l'Exposition de l'Union Centrale à Paris (1875).

Les livres qui sortent de la maison Firmin Didot et Cie se rapportent à presque toutes les branches des connaissances humaines. Ce sont, outre l'*Annuaire du Commerce* (Didot-Bottin) et le Journal *la Mode illustrée*, publications spéciales universellement connues, des *ouvrages de littérature sacrée ou profane* illustrés ou sans illustrations. Nous citerons dans la première catégorie : le *Nouveau Testament*, *Jésus-Christ*, *Villehardouin*, *Joinville*, *Virgile*, *Horace*, les publications sur le *Moyen âge*, le xviiiᵉ *siècle*, l'*Ane d'or* d'Apulée, *Paris à travers les Ages; des ouvrages d'érudition*, dont la renommée est européenne : le *Glossaire* de Ducange, le *Thesaurus* d'Estienne, le *Manuel du Libraire* de Brunet, l'*Armorial* de d'Hozier; *des ouvrages d'agriculture et de botanique*, des ouvrages relatifs aux *Sciences* et aux *Arts*, et enfin *des publications chromolithographiques*, telles que l'*Ornement polychrôme*, apprécié en Angleterre et en Allemagne aussi bien qu'en France, et devenu le guide indispensable de tous les artistes industriels, comme le *Costume*, entreprise colossale, incessamment prête à paraître, sera celui d'un non moins nombreux public artistique et industriel.

OUVRAGES EXPOSÉS

Il était impossible d'envoyer un spécimen de chacun des livres de la maison présentant un intérêt pour le public américain. On a donc été obligé de ne prendre que ceux qui sont comme le type d'une série; ce sont :

L'ORNEMENT POLYCHROME
PAR A. RACINET

LES ARTS, LES MŒURS
ET
LA VIE MILITAIRE ET RELIGIEUSE
AU MOYEN AGE
PAR PAUL LACROIX

LE DIX-HUITIÈME SIÈCLE
PAR PAUL LACROIX

JÉSUS-CHRIST
PAR LOUIS VEUILLOT

SAINTE CÉCILE
PAR DOM GUÉRANGER
abbé de Solesmes

JEANNE D'ARC
PAR WALLON

HORACE ET VIRGILE
dits de la Collection elzévirienne

LA PREMIÈRE LIVRAISON DE
PARIS À TRAVERS LES AGES
PAR HOFFBAUER

EXTRAIT DU CATALOGUE

DE LA

LIBRAIRIE DUCROCQ

55, RUE DE SEINE. — PARIS

Mention honorable à l'Exposition de Londres, 1862.

Médaille de bronze à l'Exposition universelle, 1867.

Médaille de 1re classe à l'Exposition d'Amsterdam, 1869.

Médaille de mérite à l'Exposition de Vienne, 1873.

LIBRAIRIE CONSACRÉE A L'ÉDUCATION

LIVRES CLASSIQUES ÉLÉMENTAIRES

ENSEIGNEMENT SECONDAIRE SPÉCIAL — ENSEIGNEMENT CLASSIQUE

LIVRES POUR DISTRIBUTION DE PRIX

PUBLICATIONS ILLUSTRÉES POUR LES ÉTRENNES

ALBUMS ILLUSTRÉS

La Librairie DUCROCQ a été fondée en 1836 rue Hautefeuille. Les débuts furent des plus modestes. Le fonds était uniquement composé des ouvrages de H. A. Dupont ; mais le succès considérable des différents volumes composant l'ensemble de la Méthode de Lecture, en assurant l'existence de la Librairie, permit de grouper autour de cette Méthode un certain nombre d'ouvrages élémentaires généralement estimés.

En 1860 la Librairie Ducrocq publia la Bibliothèque classique des Celebrités contemporaines avec les noms de Cuvier, de Jaubert, de Daunou, de S. de Sacy, etc. Enfin elle s'adjoignit la Librairie d'éducation de P.-C. Lehuby et l'établissement fut transféré rue de Seine, 55, où il existe actuellement. Le fonds en a été presque entièrement renouvelé. La Librairie Ducrocq est une des premières qui introduisit dans l'ornementation des volumes illustrés pour étrennes la gravure à l'eau-forte alliée aux dessins gravés sur bois (Voir le *Sabot de Noël* et le *C. Colomb* illustrés par LÉOPOLD FLAMENG), genre des plus en vogue en ce moment.

OUVRAGES EXPOSÉS

CHRISTOPHE COLOMB ET LA DÉCOUVERTE DU NOUVEAU MONDE, par le marquis de Belloy. 1 vol. grand in-8. Illustrations de L. Flameng. Prix, broché. . . . . 15 fr. »

LE SABOT DE NOËL, légende, par M. Aimé Giron. Compositions de L. Flameng. Prix, broché. . . . . 12 fr. »

LA MAISON DE NAZARETH, par A. Giron. Compositions de M. Vierge. Prix, broché. . . . . 5 fr. »

HENRI IV, par M. de Lescure. 1 vol. in-8 jésus, orné de compositions gravées sur acier. Prix, broché. . . . . 15 fr. »

MARIE STUART, par M. de Lescure. 1 vol. orné de compositions par Carolus Duran. Prix, broché. . . . . 15 fr. »

MARIE-ANTOINETTE ET SA FAMILLE, par M. de Lescure, gravures par Staal. Prix, broché. . . . . 15 fr. »

LES REINES DE FRANCE, par Mlle Celliez. 1 vol. orné de 12 portraits en pied. Prix, broché. . . . . 15 fr. »

JEANNE DARC, par M. de Lescure. 1 vol. orné de 12 compositions. Prix, broché. . . . . 15 fr. »

NAPOLÉON Ier, par M. de Lescure. 1 vol. orné de compositions de Armand-Dumarescq. Prix, broché. . . . . 15 fr. »

LES VOLCANS ET LES TREMBLEMENTS DE TERRE, par M. Boscowitz. 1 vol. orné de 16 gravures tirées en couleur et de 40 compositions sur bois. Prix, broché. . . . . 15 fr. »

CHEFS-D'ŒUVRE DES ARTS INDUSTRIELS, par P. Burty. 1 vol. orné de 250 gravures sur bois. Prix, broché. . . . . 15 fr. »

LES BARBEROUSSE. Deux pirates au xvie siècle, par C. Farine, compositions de Flameng. Prix, broché. . . . . 10 fr. »

LA REINE DE JÉRUSALEM, par Eug. Nyon. Dessins de Telory. Prix, broche. 10 fr. »

PERDUS AU MILIEU DE PARIS. Histoire de trois orphelins, par G. Fath. 1 vol. orné de 80 dessins. Prix, broché. . . . . . 7 fr. »

LA SIBÉRIE ORIENTALE, par O. Sachot. 1 vol. orné de plus de 60 gravures et d'une carte coloriée. Prix, broché. . . . . 7 fr. »

LES SAVANTS ILLUSTRES DE LA FRANCE, par A. MANGIN. Prix, broché. . . . . 7 fr. »

CHEFS-D'ŒUVRE DES CLASSIQUES FRANÇAIS, éditions revues et comprenant les Œuvres de CORNEILLE, RACINE, MOLIÈRE, LA FONTAINE, FÉNELON, BERNARDIN DE SAINT-PIERRE, etc. Ces 6 ouvrages font partie de la collection composée de 16 volumes ornés de 20 gravures sur bois. Prix, broché . . . . 6 fr. »

BIBLIOTHÈQUE ILLUSTRÉE DES JEUNES ENFANTS. — *Chasses enfantines. Les jeunes Enfants. Le Robinson de douze ans.* Ces ouvrages font partie de la collection composée de 8 volumes. Prix, broché. . . . . 3 fr. »

BIBLIOTHÈQUE CLASSIQUE DES CÉLÉBRITÉS CONTEMPO-RAINES, comprenant les Œuvres de CUVIER, CHÉNIER, DAUNOU, LETRONNE, JAUBERT, DACIER, QUATREMÈRE. Ces ouvrages font partie de la série composée de 12 volumes. Prix, broché. . . . . . 4 fr. »

BIBLIOTHÈQUE ILLUSTRÉE DES FAMILLES

FORMAT ANGLAIS

21 *VOLUMES*

Prix, broché. . . . . 2 fr. »

ÉDOUARD LABOULAYE, de l'Institut. *Contes et Nouvelles.* 1 vol.

MAURICE BARR. *Mémoires d'une Poule noire.* 1 vol.

LA C^sse DE BASSANVILLE. *Les Primeurs de la vie.* 1 vol.

Mlle MARGUERITE DE BELTZ. *La Clef des champs, ou les petits Parisiens en province.* 1 vol.

AUGUSTIN CHALLAMEL. *Les Amuseurs de la rue.* 1 vol.

Mme DELAFAYE-BRÉHIER. *Alice.* 1 vol.

CHARLES FARINE. *Le Coupeur de routes.* 1 vol.

— *Jocrisse ou les Mésaventures d'un sot.* 1 vol.

— *Jocrisse soldat. Épisodes de la conquête d'Alger.* 1 vol.

GEORGES FATH. *Les Contes du vieux docteur.* 1 vol.

EUGÈNE NYON. *Les Pérégrinations,* escapades et aventures de Claude la
Ramée et de son cousin Labiche. 1 vol.

— *Histoire de la Grandeur et de la Décadence d'une Capote
rose.* 1 vol.

— *Moumoute et Carnage.* 1 vol.

— *Splendeurs et Misères d'un Dictionnaire grec.* Souvenirs
de pension. 1 vol.

— *Les Indiscrétions d'une jeune mouche.* 1 vol.

— *Les Aventures de Joachim et son ami Diégo.* 1 vol.

— *Paul et Jean.* 1 vol.

MARMONTEL. *Les Incas,* ou *la Destruction de l'empire du Pérou.* 1 vol.

E.-J. RÉAUME. *Récits et épisodes de l'Histoire de France,* accompagnés
des principales armoiries depuis les croisades. 1 vol.

OCTAVE SACHOT. *Les grandes Cités de l'Ouest américain.* — Récits de
voyage. 1 vol.

— *Curiosités zoologiques et botaniques.* vol.

————

LES GRANDS HOMMES DE LA FRANCE, hommes de guerre, navigateurs, marins, par ÉDOUARD GÆPP. 4 vol. publiés et ornés de portraits
et cartes. Prix, broché . . . . 4 fr. »

HISTOIRE NATIONALE DE LA LITTÉRATURE FRANÇAISE, par
ÉMILE CHASLES. ORIGINES : Le génie gaulois ou la race, les Gallo-
Romains et la civilisation, les Gallo-Francs et l'épopée, les Gallo-Bre-
tons et l'esprit romanesque. 1 vol. in-8. Prix, broché. . . . 6 fr. »

LES RICHESSES DE LA FRANCE, étude complète sur la situation agricole, industrielle et commerciale de la France et de ses colonies, par
E. KLEINE, sous-chef du Bureau des Travaux historiques au Ministère
de l'Instruction publique. 1 fort vol. de 600 pages, broché . 3 fr. 50
Nouvelle édition ornée de 6 cartes imprimées en couleur.

LA BONTÉ, par CHARLES ROZAN, ouvrage couronné par l'Académie française. Un vol. format anglais. Prix, broché . . . . 3 fr. »

BIBLIOTHÈQUE SPÉCIALE DE LA JEUNESSE. 40 volumes in-12 dans
la collection. Prix, broché . . . . 1 fr. 25

MÉTHODE DE LECTURE, par H. A. DUPONT.

IMPRIMERIE ET LIBRAIRIE MILITAIRES

J. DUMAINE

ÉDITEUR

| MAGIMEL, 1794 | GAULTIER LAGUIONIE, 1834 |
| ANSELIN, 1820 | J. DUMAINE, 1843 |

Rue et Passage Dauphine, 30

Livres militaires anciens et modernes, Sciences et Arts
Registres et États
pour la Comptabilité des Corps

———

Cette librairie, l'une des plus anciennes de Paris, est entièrement consacrée, ainsi que l'indique son titre, aux travaux militaires; les publications qui en sont sorties, outre les ouvrages spéciaux, s'appliquent à toutes les connaissances utiles aux officiers des différentes armes, telles que la géographie stratégique et l'hippologie, l'histoire des guerres européennes.

Les services administratifs des armées françaises, depuis les campagnes de la Révolution jusqu'à nos jours, ont été alimentés par ses soins. Les officiers studieux trouvent dans son catalogue, qui ne comprend pas moins de dix-neuf subdivisions, les œuvres des principaux écrivains militaires, Napoléon Ier, Berthier, Gouvion-Saint-Cyr, La Roche-Aymon, Marmont, Duhesme, Niel, Vauchelle, etc., en même temps que les travaux plus récents de MM. Beaugé, Berthaud, Delaperrière Favé, Fervel, Lewal, Niox, Noizet, Savoye, Vial, etc.

Les publications périodiques de la même maison sont également dignes d'attention; l'une, le *Journal militaire officiel*, remonte à 1789; l'autre, le *Journal des sciences militaires*, créé en 1826, fait autorité dans le public auquel il s'adresse, en France comme à l'Étranger. Une dernière enfin, le *Journal de la librairie militaire* rend de récents et précieux services en donnant chaque mois la liste des travaux relatifs à l'armée parus dans tous les pays.

Le comptoir de cartographie, adjoint à la librairie de J. Dumaine, comprend toutes les publications de l'État-major français, dont le dépôt lui est confié.

Une importante imprimerie complète les moyens d'action de cette maison, dont le développement croît de jour en jour.

LISTE DES PUBLICATIONS EXPOSÉES

JOURNAL MILITAIRE OFFICIEL

JOURNAL DES SCIENCES MILITAIRES

JOURNAL DE LA LIBRAIRIE MILITAIRE

CARTES ET PLANS DU DÉPOT DE LA GUERRE, etc.

	Formats.	Volumes.	Prix.
1 Livret pour officier (Infanterie), cartonné toile.	In-18	1	1 25
1 Livret pour sous-officiers (Infanterie), cartonné papier	In-18	1	» 75
1 Carnet d'Adjudant-Major (Infanterie), cartonné toile . . . . · . .	In-18	1	3 »
1 Règlement sur les Manœuvres de l'Infanterie, cartonné papier	In-18	2	1 35
1 Règlement sur les Exercices de la Cavalerie, cartonné papier	In-18	1	» 60
1 Règlement sur le Service des bouches à feu, cartonné papier	In-18	3	4 60
1 Ordonnance sur le Service intérieur (Infanterie), cartonné toile	In-18	1	2 »
1 Décret sur le Service dans les places, cartonné papier.	In-18	1	1 50
1 Ordonnance sur le Services des Armées en campagne, cartonné papier	In-18	1	1 50
1 Instruction sur le Service de l'Infanterie en campagne, cartonné papier	In-18	1	» 75
1 Instruction sur le Service de la Cavalerie en campagne, cartonné toile.	In-18	1	1 »

	Formats.	Volumes.	Prix.
1 Manuel de Gymnastique et d'Escrime (Marine), cartonné toile	In-18	1	3 »
1 Manuel du Matelot-Timonier, cartonné toile	In-18	1	3 »
1 — du Marin-Fusilier, id..	In-18	1	4 »
1 — du Gabier, id..	In-18	1	4 »
1 Agenda d'État-Major, cartonné toile	In-18	1	6 »
1 Maximes de guerre de Napoléon, cartonné toile.	In-18	1	3 »
1 BRACK. — Avant-postes de Cavalerie, cartonné toile.	In-18	1	4 »
1 BORSTAEDT — Opérations des armées allemandes, et atlas, relié.	Gr. In-8°	2	16 »
1 NIOX.—Expédition du Mexique, et Atlas, relié.	Gr. In-8°	2	15 »
1 BLUME. — Opérations des armées allemandes. relié	In-8°	1	8 »
1 SARREPONT. — Défense de Paris, relié. . . .	In-8°	1	12 »
1 RUSTOW. — Guerre des frontières du Rhin, relié.	In-8°	1	10 »
1 — Études stratégiques, tome Ier, relié.	In-8°	1	7 »
1 — L'Art militaire au XIXe siècle, relié.	In-8°	2	15 »
1 — La Petite Guerre	In-8°	1	5 »
1 VIAL. — Campagnes modernes, relié. . . .	In-8°	2	12 »
1 — Cours d'art et d'hist. militaires, relié.	In-8°	2	12 »
1 POIROT. — Cours d'études, tome Ier, relié. .	In-18	1	8 »
1 — Des Marches et Combats, relié. .	In-18	1	2 50
1 SAVOYE. — Service des armées en campagne, relié	In-8°	1	10 »
1 HARDY. — Conférences sur la fortification, relié.	In-8°	1	3 »
1 GUZMANN et ROSWAG. — Matériel d'artillerie prussien, relié	In-8°	1	5 »
1 BERTRAND. — Traité de topographie, relié . .	In-8°	1	8 »
1 SAUTREZ.—Étude sur la lecture des cartes, relié	In-4°	1	25 »
1 HENNEQUIN. — Topographie, cartonné. . . .	In-8°	1	1 »

	Formats.	Volumes.	Prix.
1 HENNEQUIN — Enseignement géographique, cartonné.	In-8°	1	1 »
1 DELAPERRIÈRE — Cours de législation militaire, relié.	In-8°	3	22 »
1 Code-manuel du Recrutement de l'armee, relié.	In-8°	1	5 »
1 CORDELOIS. — Leçons d'armes, relié.	Gr. In-8°	1	10 »
1 D'AURE. — Traité d'équitation.	Gr. In-8°	1	10 »
1 BAUCHER. — Méthode d'équitation, relié . .	In-8°	1	6 »
1 MONTIGNY. — Manuel des piqueurs, cochers, relié.	In-18	1	5 »
1 PARIS. — Traité de Tactique appliquée, relié.	In-8°	1	7 »
1 BOUILLÉ. — Les Drapeaux français, relié . .	In-8°	1	8 »
1 SIRONI. — Géographie stratégique, relié . .	In-8°	1	7 50
1 BEAUGÉ. — De l'Organisation de l'armée. . . relié.	In-8°	1	7 50
1 DULUC. — France physique, relié.	In-18	1	2 50
1 TURLIN. — Manuel des Aspirants aux grades, relié.	In-18	1	5 »
1 MAES et HANNOT. — Traité de Topographie, et atlas, relié.	In-8°	2	12 »
1 ROUBY. — Instruction sur la Topographie, relié	In-18	1	4 »
1 GAY-LUSSAC. — Aide-mémoire Tribunaux maritimes, relié.	Gr. In-8°	1	12 50
1 RIENCOURT. — Les Militaires blessés, relié .	In-8°	2	12 »
1 Révision des Tarifs de solde, cartonné . . .	In-8°	1	3 50
1 *Journal militaire officiel*, 1er semestre 1875, relié	In-8°	1	7 50
1 *Journal des sciences militaires*, 4 mois, 1875, relié.	In-8°	1	8 75
1 *Journal de la Librairie militaire*, 1875, relié.	In-8°	1	3 »

NOTA. — Les reliures ont été exécutées par la maison AD. HELDT, 12, rue du Jardinet, Paris.

DUNOD

SUCCESSEUR

DE MM. CARILIAN GŒURG (1831-1854)

ET VICTOR DALMONT (1854-1860)

LIBRAIRE

des corps des Ponts et Chaussées, des Mines

et des Télégraphes

49, QUAI DES GRANDS-AUGUSTINS. — PARIS

SCIENCES APPLIQUÉES

ARCHITECTURE. — MÉCANIQUE. — CHIMIE

PRINCIPALES SPÉCIALITÉS

PONTS ET CHAUSSÉES, MINES
TÉLÉGRAPHES
CORPS D'ÉTAT, INDUSTRIE, NAVIGATION
CHEMINS DE FER

Récompenses récentes

MÉDAILLE D'ARGENT, EXPOSITION DE PARIS, 1867
MÉDAILLE D'ARGENT, EXPOSITION DE MOSCOU
MÉDAILLE DE MÉRITE, EXPOSITION DE VIENNE, 1873

(Voir son exposition individuelle où se trouvent ses collections et ses principaux ouvrages dont un très-petit nombre figure ici.)

OUVRAGES EXPOSÉS

COUCHE. — VOIE ET MATÉRIEL DES CHEMINS DE FER.
Tome I, II, et fascicules 1 et 2 du Tome III, 3 grand in-8 et avec atlas.
Prix . . . . 142 fr. 50
(La fin du tome III et le tome IV vont paraître prochainement.)

REGNAUD. — TRAITÉ D'ARCHITECTURE, Tome I. *Art de bâtir*,
grand in-4 et atlas de 87 planches, 4ᵐᵉ édition. Prix . . . . 75 fr. »
Tome II. *Composition des édifices*, grand in-4 et atlas de 92 planches,
3ᵐᵉ édition. Prix . . . . 90 fr. »

RUPRICH-ROBERT. — FLORE ORNEMENTALE, HERBIER ARTIS-
TIQUE contenant plus de 500 plantes. Texte in-4 colombier de
150 pages, avec 105 vignettes et 152 planches composées et dessinées
par l'auteur et gravées par Ch. Sauvageot. Prix . . . . 125 fr. »

DE DARTAIN. — ARCHITECTURE ROMANO-BYZANTINE, 15 livraisons parues sur 25, texte grand in-4, avec 60 planches in-plano,
gravées en partie par l'auteur et MM. Gaucherel, Lebel, etc.
Prix . . . . 75 fr. »

MORANDIÈRE — TRAITÉ DE LA CONSTRUCTION DES PONTS,
deux parties parues sur quatre, texte grand in-4 avec vign. et 115 pl.
Prix . . . . 80 fr. »

LEDIEU. — TRAITÉ DES APPAREILS A VAPEUR DE NAVIGATION
ET NOUVELLES MACHINES MARINES. Première partie, 4 vol.
in-8 avec vignettes et atlas de tableaux de dimension et de planches.
Prix . . . . 75 fr. »

MANGON. — TRAITÉ DE GÉNIE RURAL. Sections des *Travaux,
Instruments* et *Machines agricoles*. Un très-fort volume grand in-8
avec vignettes et atlas de 26 pl. Prix . . . . 45 fr. »

GRUNER. — TRAITÉ DE MÉTALLURGIE, grand in-8 avec vignettes
et atlas. Prix . . . . 30 fr. »
Les tomes II et III sont en préparation.)

IMPRIMERIE ADMINISTRATIVE
ET DES CHEMINS DE FER

PAUL DUPONT

41, rue Jean-Jacques-Rousseau, à Paris

12, RUE DU BAC-D'ASNIÈRES, A CLICHY

IMPRESSIONS	LIBRAIRIE
POUR LES ADMINISTRATIONS, LE COMMERCE	Ouvrages et recueils administratifs
L'INDUSTRIE	Archives parlementaires
LA BANQUE ET LES CHEMINS DE FER	Livres classiques. Bibliothèques scolaires
ACTIONS, OBLIGATIONS, MANDATS	
LITHOGRAPHIE	FONDERIE DE CARACTÈRES
ET CHROMO-LITHOGRAPHIE	ET STÉRÉOTYPIE
RELIURE — RÉGLURE — NUMÉROTAGE	*Fabrication d'encres* TYPOGRAPHIQUES

RÉCOMPENSES :

MÉDAILLE D'OR, Exposition française de 1849. — MÉDAILLES DE PRIX, Exposition universelle de 1851. — MÉDAILLE D'HONNEUR, Exposition universelle de 1855. — MÉDAILLES DE PRIX, Expositions de Londres (1862) et de New-York. — MÉDAILLE D'OR, Exposition universelle de 1867. — DIPLOME DE MÉRITE, Exposition de Vienne en 1873. — EN 1852, Croix de la Légion d'honneur. — EN 1868, Promotion au grade d'officier.

La Maison Paul Dupont, qui compte un demi-siècle d'existence, a su en peu de temps, par des éditions remarquables, par des inventions ou des améliorations universellement appréciées, se mettre au premier rang des imprimeries de Paris.

Depuis sa fondation, en effet, l'Imprimerie Paul Dupont a progressivement augmenté ses produits, et son extension a été si rapide, qu'aujourd'hui, malgré un personnel considérable qu'elle occupe dans ses deux établissements de Paris et de Clichy, elle peut à peine faire face aux besoins de sa clientèle.

Elle fournit de nombreuses impressions aux grandes entreprises industrielles, telles que Chemins de fer, Banques, Compagnies d'assurances et administrations publiques.

En lithographie, M. Paul Dupont, par des inventions et des procédés nouveaux, fruits de longues et patientes recherches, est arrivé à imprimer des actions, titres, obligations, *absolument infalsifiables.*

Comme spécialité, la maison Paul Dupont s'est attachée de préférence aux éditions administratives. Ses nombreuses publications périodiques sont connues de toute la France. Elle n'a pas négligé davantage les livres classiques, enfin, elle s'occupe depuis quelques années, sur une vaste échelle, de l'importante question des Bibliothèques scolaires et communales.

Tels sont les travaux qui ont conquis à l'Imprimerie administrative la place qu'elle occupe aujourd'hui.

ARCHIVES PARLEMENTAIRES

Imprimées par ordre de l'Assemblée nationale

Sous la Direction de MM. J. MAVIDAL et E. LAURENT

RECUEIL COMPLET
DES
DÉBATS DES CHAMBRES FRANÇAISES
DE 1787 A 1860

39 volumes parus. — Format grand in-8 jésus à deux colonnes.

Indépendamment des débats législatifs et politiques, les *Archives parlementaires* reproduisent, d'après les documents dont l'impression a été ordonnée par les Assemblées délibérantes, tous les discours, rapports et exposés de motifs qui ne figurent pas au *Moniteur*; elles formeront ainsi le seul corps d'ouvrage donnant *in extenso* tout ce qui a été écrit et dit dans les Chambres françaises de 1787 à 1860.

Les *Archives parlementaires* forment deux séries distinctes, savoir :

I. — Cahiers des États Généraux. — Révolution Directoire (1787-1799)

Huit volumes parus.

Les sept premiers comprennent les *Cahiers des États Généraux* avec une Table générale alphabétique et analytique.

Ces documents servent de prélude à la Révolution, et inaugurent pour ainsi dire en France le régime parlementaire.

II. — Consulat. — Empire. — Cent-Jours Seconde Restauration

Trente et un volumes parus.

Les quatorze premiers volumes, plus une Table générale alphabétique et analytique, comprennent le Consulat, l'Empire et les Cent-Jours (1800 à 1815).

Avec le tome XV commence la Seconde Restauration de 1815 à 1830.

Seize volumes (tomes XVI à XXXI) sont en vente. — Prix de chaque volume : 20 fr.

PARAITRONT SUCCESSIVEMENT

III. — Gouvernement de Juillet, de 1830 a 1848.

IV. — Seconde République, de 1848 a 1851.

V. — Second Empire, de 1851 jusqu'en 1860.

FURNE, JOUVET ET CIE

LIBRAIRES-ÉDITEURS

45, Rue Saint-André-des-Arts. — Paris

La maison FURNE, JOUVET et Cie a été fondée en 1826 par M. CHARLES FURNE, qui a attaché son nom à des éditions illustrées passant en librairie pour de véritables monuments. Il fit exécuter un nombre considérable de gravures sur acier, et il savait à ce point stimuler et encourager les artistes, qu'il leur fit produire de véritables chefs-d'œuvre. Ces compositions charmantes, ou reproductions de tableaux, servirent à illustrer les classiques français, les Œuvres de Chateaubriand, Casimir Delavigne, Victor Hugo, Lord Byron, Lamartine, la Biographie universelle, la Géographie universelle, le Musée de Versailles, l'Histoire de Paris, la Révolution française, le Consulat et l'Empire, l'Histoire de Napoléon, Buffon, Lacépède, La Bible, la Vie des Saints, la Vie de Jésus-Christ, Rome, Venise, Algérie, les Villes de France, les Romans de W. Scott et F. Cooper, les Vierges de Raphaël, etc., etc. Sous sa direction les frères Johannot, Raffet, Desenne, Rouargue, Horace Vernet, Traviès, Devéria, travaillèrent à cette magnifique collection qui forme le catalogue de gravures de la maison Furne, Jouvet et Cie, et qui comprend plus de 2,000 planches.

La maison Furne est une des premières qui ait adopté la vente des ouvrages par livraisons, et, depuis quarante ans, elle n'a cessé de répandre par ce moyen dans le public de grandes et utiles publications illustrées. C'est par l'Histoire de Napoléon de Norvins, et les Romans de W. Scott et F. Cooper qu'elle inaugura cette série de succès qu'elle complète aujourd'hui par des ouvrages d'Histoire, de Littérature et de Science vulgarisée, illustrés non plus comme autrefois de vignettes sur acier, mais de gravures sur bois, répondant aux tendances et à la mode du jour. Par ce genre d'illustrations, la maison Furne a su conquérir, dans la librairie française, un des rangs les plus honorables.

Enfin, quand nous aurons cité les principaux auteurs publiés par Furne, nous aurons fait un historique succinct de cette importante librairie, ce sont : Corneille, Racine, Boileau, Molière, La Fontaine, de Balzac, de Barante, Bâtissier, de Buffon, lord Byron, Cervantès, Chateaubriand, Casimir Delavigne, Dumont d'Urville, F. Cooper, Victor Hugo, David Hume, Lacépède, Lamartine, Malte-Brun, Henri Martin, Michaud, Norvins, Rousseau, de Ségur, Aug. Thierry, A. Thiers, Voltaire, W. Scott, Weiss, etc., etc.

Aux Expositions universelles de Paris en 1855 et 1867, la maison Furne a été honorée de deux médailles d'argent. M. Jouvet, le chef actuel de la maison, et qui la dirige depuis 1865, s'était associé à cette époque à M. Furne fils, qui est mort en 1875.

OUVRAGES EXPOSÉS

HISTOIRE DES CROISADES, par Michaud, de l'Académie française, illustrée de 100 grandes compositions par Gustave Doré, gravées par Bellenger, Doms, Gusman, Jonnard, Pannemaker, Pisan et Quesnel.

L'*Histoire des Croisades* formera 2 magnifiques volumes in-folio, papier vélin superfin, et sera publiée en 25 fascicules à 6 francs.

Chaque fascicule se composera de 8 feuilles d'impression et de 4 grandes compositions hors texte, sur papier vélin fort.

Il paraît deux fascicules par mois depuis le 15 octobre 1875.

La publication sera terminée au mois de septembre prochain.

Il est tiré de cet ouvrage 100 exemplaires sur papier vélin de Hollande et 25 exemplaires sur papier de Chine. Ces exemplaires de luxe ne se vendront que complets et le prix en sera ultérieurement fixé.

LES SAINTS ÉVANGILES. — Traduction de Lemaistre de Sacy. Nouvelle édition, illustrée de 99 grandes compositions formant encadrement à chaque chapitre, de 5 grands bois de page, d'un encadrement nouveau pour chaque évangéliste, imprimé en bistre, de nombreux culs-de-lampe d'après Th. Fragonard, et enfin de 10 magnifiques gravures sur acier à deux teintes. 1 splendide vol. in-8 jésus, papier vélin glacé. . 18 fr.

HENRI MARTIN.— HISTOIRE DE FRANCE POPULAIRE, depuis les temps les plus reculés jusqu'à nos jours. L'ouvrage complet, illustré de plus de 1,100 gravures dessinées par Philippoteaux, Bayard, de Neuville, Férat, Thorigny, Rousseau, Clerget, etc., gravées par les meilleurs artistes, sera publié en 5 volumes grand in-8 jésus. Les tomes I à IV sont en vente. Chaque volume, broché, 8 francs.

Le premier volume comprend les temps primitifs jusqu'en 1493.

Le deuxième volume, depuis 1493 jusqu'en 1672.

Le troisième volume, de 1672 jusqu'au 21 septembre 1792.

Le quatrième volume de 1792 à juin 1804.

Le cinquième volume comprendra de 1804 au jour où finira l'ouvrage.

ATLAS DE GÉOGRAPHIE MILITAIRE, adopté par M. le ministre de la guerre pour l'École spéciale militaire de Saint-Cyr. 48 cartes et plans, revus ou publiés sous la direction de M. E. BRKEAU, ex-professeur de géographie et de statistique militaire, à l'École militaire de Saint-Cyr. Cartonné . . . .   30 fr.

LOUIS FIGUIER. — LES MERVEILLES DE LA SCIENCE, ou DESCRIPTION POPULAIRE DES INVENTIONS MODERNES, 4 forts volumes grand in-8 jésus, illustrés de 1,817 gravures, d'après les meilleurs artistes . . . . 40 fr.

Tome I. Machine à vapeur; Bateaux à vapeur; Locomotives et chemins de fer; Locomobiles; Machine électrique; paratonnerres; Piles de Volta; Électro-Magnétisme. 400 gravures.

Tome II. Télégraphie aérienne, électrique et sous-marine; Câble transatlantique; Galvanoplastie; Dorure et argenture électro-chimiques; Aérostats; Éthérisation. 357 gravures.

Tome III. Photographie; Stéréoscope; Poudres de guerre; Artillerie ancienne et moderne; armes à feu portatives; Bâtiments cuirassés; Drainage; Pisciculture. 612 gravures.

Tome IV. Éclairage; Chauffage; Ventilation; Phares; Puits artésiens, Cloche à plongeur; Moteur à gaz; Aluminium; Planète Neptune. 448 gravures.

LOUIS FIGUIER. — LES MERVEILLES DE L'INDUSTRIE, ou DESCRIPTION POPULAIRE DES PROCÉDÉS INDUSTRIELS DEPUIS LES TEMPS LES PLUS RECULÉS JUSQU'A NOS JOURS. — Cette importante publication, illustrée de plus de 1,500 gravures d'après les meilleurs artistes, comprendra les industries chimiques, mécaniques, agricoles et alimentaires. L'ouvrage complet formera 4 forts volumes gr. in-8 jésus. Les trois volumes parus. . . . .   30 fr.

Tome I. Le verre et le cristal; les poteries; les faïences et les porcelaines; le savon, les soudes et les potasses; le sel; le soufre et l'acide sulfurique. 413 gravures . . . .   10 fr.

Tome II. Le sucre, le papier, les papiers peints, les cuirs et les peaux, le caoutchouc et la gutta-percha, la teinture. 330 gr. . . .   10 fr.

Tome III. L'eau, les boissons gazeuses, le blanchiment et le blanchissage, le phosphore et les allumettes chimiques, le froid artificiel, l'asphalte et les bitumes. 294 gravures. . . . . 10 fr.

ENCYCLOPÉDIE historique, archéologique, biographique, chronologique et monogrammatique des *Beaux-Arts plastiques,* par Auguste DEMMIN. *Épigraphie; Paléographie; Architecture* civile, religieuse et militaire de tous les temps et de tous les pays; *Céramique* ancienne et moderne; *Sculpture* et *Peinture* de toutes les écoles; *Gravure* sur métaux et sur bois, etc. Cette importante publication illustrée de plus de 6,000 grav., complétée par une table alphabétique de plus de 20,000 mots, forme 3 vol. grand in-8 raisin. . . . . 80 fr.

VOCABULAIRE ILLUSTRÉ des mots usuels français, anglais, allemands, par ARMAND LE BRUN, licencié ès lettres; H. HAMILTON, professeur d'anglais, et G. HEUMANN, professeur d'allemand au lycée Henri IV. Cet ouvrage est orné de 3,350 grav., et contient plus de 10,000 mots usuels. Un fort vol. in-4, relié à l'anglaise, tranches rouges. 12 fr.

ALBUM-VOCABULAIRE DU PREMIER AGE, en français, anglais, allemand, italien et espagnol, illustré de 800 gravures, extraites du *Vocabulaire illustré,* ouvrage adopté par le Ministère de l'Instruction publique. 1 beau vol. in-8 jésus, cartonnage élégant, avec plaques, tranches dorées . . . . 6 fr.

P. CHRISTIAN. — HISTOIRE DE LA MAGIE, DU MONDE SURNATUREL ET DE LA FATALITÉ A TRAVERS LES TEMPS ET LES PEUPLES. — 1 beau vol. gr. in-8, illustré par Émile Bayard d'un grand nombre de gravures dans le texte et de 16 grands bois tirés sur fond chine . . . . 10 fr.

ÉDOUARD LABOULAYE, de l'Institut. — CONTES BLEUS. 1 beau vol. in-8 raisin, illustré de plus de 200 gravures dessinées par YAN DARGENT, gravées par les meilleurs artistes . . . . 10 fr.

ÉDOUARD LABOULAYE, de l'Institut. — NOUVEAUX CONTES BLEUS. 1 beau vol. in-8 raisin, illustré de 120 gravures dessinées par Yan'Dargent et d'un magnifique portrait gravé sur acier . . 10 fr.

QUAI DES GRANDS-AUGUSTINS, A PARIS

IMPRIMERIE ET LIBRAIRIE[1]

DE

GAUTHIER-VILLARS

Successeur de **MALLET-BACHELIER**

IMPRIMEUR-LIBRAIRE DU BUREAU DES LONGITUDES
DE L'OBSERVATOIRE DE PARIS — DE L'ÉCOLE POLYTECHNIQUE
DE L'ÉCOLE CENTRALE DES ARTS ET MANUFACTURES
DU DÉPOT DES FORTIFICATIONS, ETC.

ÉDITEUR du Journal de Mathématiques pures et appliquées, fondé en 1836 par M. J. LIOU-
VILLE, et publié depuis 1875 par M. H. RESAL; — des Nouvelles Annales de
Mathématiques, Journal des Candidats aux Écoles Polytechnique et Normale, publication
fondée en 1842 par MM. TERQUEM et GÉRONO; — des Annales scientifiques de l'École
Normale supérieure, publiées par MM. les Maîtres de Conférences; — du Bulletin des
Sciences mathématiques et astronomiques, par MM. DARBOUX et HOÜEL; — des
Comptes rendus hebdomadaires des séances de l'Académie des Sciences, publiés par
MM. les Secrétaires perpétuels; — du Journal de l'École Polytechnique; — des Œuvres
de CAUCHY; — des Œuvres de LAGRANGE; — des Œuvres de LAPLACE; — des
Œuvres de PONCELET; — des Annales de l'Observatoire de Paris, par M. LE VER-
RIER; — du Bulletin de la Société française de Photographie; etc.

IMPRIMEUR des Annales de Chimie et de Physique, par MM. CHEVREUL, DUMAS,
BOUSSINGAULT, REGNAULT, WURTZ, avec la collaboration de M. BERTIN; — du
Bulletin météorologique mensuel de l'Observatoire de Montsouris; — du Bulletin de
l'Association scientifique, par M. LE VERRIER; — du Journal des Actuaires, publié
par le Cercle des Actuaires de Paris; — du Journal de Physique pure et appliquée, par
M. D'ALMEIDA; etc.

Médaille d'Argent : Exposition nationale, Paris, 1849
Médaille de 2ᵉ classe : Exposition universelle. Paris, 1855
Price medal : Exposition universelle. Londres, 1862
Médaille de 1ʳᵉ classe : Exposition universelle. Portugal, 1865
Médaille d'argent : Exposition universelle. Paris, 1867
Médaille de 1ʳᵉ classe : Exposition internationale. Amsterdam, 1869
Médaille d'or : Exposition internationale, Moscou, 1872
Médailles de Progrès (deux) : Exposition universelle, Vienne, 1873

1. Cet Établissement a été fondé en 1791 par Jean-Marie Courcier. M. Bachelier,
gendre de M. Courcier, a succédé à Mᵐᵉ Vᵉ Courcier en 1821. M. Mallet, gendre de
M. Bachelier, a succédé à M. Bachelier en 1853. M. Gauthier-Villars ✳, ancien élève de
l'École Polytechnique, a succédé à M. Mallet-Bachelier en 1864.

LISTE DES OUVRAGES EXPOSÉS

VOIR LE CATALOGUE GÉNÉRAL POUR LES DÉTAILS ET LES PRIX

ANNALES SCIENTIFIQUES DE L'ÉCOLE NORMALE SUPÉRIEURE, publiées sous les auspices du *Ministère de l'Instruction publique*, par un Comité de Rédaction composé de MM. les Maîtres de Conférences. 2ᵐᵉ SÉRIE. Tomes I à IV. In-4; 1872-1875.

ANNALES DE L'OBSERVATOIRE DE PARIS, publiées par M. *U.-J. Le Verrier.* — MÉMOIRES, tome X. In-4; 1874. — OBSERVATIONS, tome XXIII. In-4; 1871.

ANNUAIRE POUR L'AN 1876, publié par le *Bureau des Longitudes*, contenant des Notices scientifiques. In-18, avec 2 planches et 1 carte des courbes d'égale déclinaison magnétique en France, en 1875.

ANNUAIRE MÉTÉOROLOGIQUE ET AGRICOLE DE L'OBSERVA-TOIRE DE MONTSOURIS, pour l'an 1876. 5ᵉ année, contenant le résumé des travaux de l'année 1875 : *Magnétisme terrestre; Carte magnétique de la France; Électricité atmosphérique; Hauteurs barométriques; Température de l'eau et du sol; Actinométrie; Eaux météorologiques; Évaporation à la surface de l'eau; Végétation.* In-18, avec nombreuses figures dans le texte et une carte magnétique.

BACHET, sieur de MÉZIRIAC. — *Problèmes plaisants et délectables qui se font par les nombres.* 3ᵉ édition, revue, simplifiée et augmentée par A. LABOSNE, Professeur de Mathématiques. Petit in-8, caractères elzévirs, titre en deux couleurs, papier vergé, couverture parchemin; 1874. (*Tiré à petit nombre.*)

BERTRAND (J.), Membre de l'Institut. — *Traité de Calcul différentiel et intégral.* Tome II, *Calcul intégral.* In-4; 1870.

BRIOT (CH.), Professeur à la Faculté des Sciences. — *Théorie mécanique de la Chaleur.* In-8, avec figures dans le texte; 1869.

BRIOT et BOUQUET, Professeurs à la Faculté des Sciences. *Théorie des fonctions elliptiques.* 2ᵉ édition. In-4, avec figures; 1875.

BULLETIN DES SCIENCES MATHÉMATIQUES ET ASTRONOMIQUES, rédigé par MM. DARBOUX et HOÜEL, avec la collaboration de MM. ANDRÉ, LESPIAULT, RADAU, SIMON, WEYR, TISSERAND, etc., sous la direction de la Commission des Hautes Études. (Président de la Commission, M. *Chasles;* Membres, MM. *J. Bertrand, Puiseux, J.-A. Serret.*) Grand in-8. Tomes VIII et IX; 1875.

CAHOURS (Auguste), membre de l'Académie des Sciences. — *Traité de Chimie générale élémentaire.*

   CHIMIE INORGANIQUE. *Leçons professées à l'École centrale des Arts et Manufactures.* 3ᵉ édition, 2 volumes in-18 jésus, avec 230 figures et 8 planches; 1874.

   CHIMIE ORGANIQUE. *Leçons professées à l'École polytechnique.* 3ᵉ édition, 3 vol. in-18 jésus, avec figures; 1874-1875.

CHASLES, Membre de l'Institut. — *Aperçu historique sur l'origine et le développement des méthodes en Géométrie, particulièrement de celles qui se rapportent à la Géométrie moderne,* suivi d'un *Mémoire de Géométrie sur deux principes généraux de la Science : la Dualité et l'Homographie.* 2ᵉ édit., conforme à la 1ʳᵉ. Un beau vol. in-4 de 850 pages; 1875.

CONNAISSANCE DES TEMPS ou DES MOUVEMENTS CÉLESTES, à l'usage des astronomes et des navigateurs, pour l'année 1877, publiée par le Bureau des Longitudes. Grand in-8; 1876.

DIEN (Ch.). — *Atlas céleste,* contenant toutes les cartes de l'ancien *Atlas de Dien,* rectifiées et augmentées par M. C. FLAMMARION, astronome; et précédée d'une *Instruction* détaillée pour les diverses cartes de l'Atlas; 3ᵉ édition. In-folio de 26 planches gravées sur cuivre, dont trois doubles; 1876.

DUHAMEL, Membre de l'Institut. — *Éléments de Calcul infinitésimal.* 3ᵉ édition, revue et annotée par M. *J. Bertrand,* Membre de l'Institut. 2 vol. in-8 avec planches; 1874-1875.

HERMITE (Ch.), Membre de l'Institut, Professeur à l'École polytechnique et à la Faculté des Sciences. — *Cours d'Analyse de l'École polytechnique.*

PREMIÈRE PARTIE, contenant le *Calcul différentiel* et les *Premiers principes du Calcul intégral.* Un fort vol. in-8, imprimé sur vélin, avec figures dans le texte; 1873.

HIRN (G.-A.), Correspondant de l'Institut. — *Théorie mécanique de la Chaleur.* 3ᵉ édition, entièrement refondue. 2 vol. gr. in-8, avec figures dans le texte; 1875-1876.

JAMIN (J.), Membre de l'Institut, Professeur de Physique à l'École polytechnique et à la Faculté des Sciences. — *Cours de Physique de l'École polytechnique.* 2ᵐᵉ édition. 3 vol. in-8, avec 1,002 gravures dans le texte et 8 planches sur acier; 1868-1871.

JAMIN (J.). — *Cours de Physique de l'École polytechnique.* Appendice au tome Iᵉʳ : *Thermométrie, Dilatations, Optique géométrique, Problèmes et Solutions,* rédigé conformément au nouveau programme d'admission à l'École Polytechnique. In-8 de VIII-214 pages, avec 132 belles figures dans le texte; 1875.

JAMIN (J.). — *Petit Traité de Physique* à l'usage des établissements d'instruction, des Aspirants aux Baccalauréats et des Candidats aux Écoles du Gouvernement. In-8, avec 686 fig. dans le texte et un spectre; 1870.

JORDAN (Camille), Ingénieur des Mines. — *Traité des substitutions et des Équations algébriques.* In-4; 1870. . . . . 30 fr.

JOURNAL DE MATHÉMATIQUES PURES ET APPLIQUÉES, fondé par M. LIOUVILLE en 1836, et rédigé depuis 1875 par M. RESAL, Membre de l'Institut, Professeur à l'École polytechnique. In-4; 3ᵉ série, tome I; 1875.

JULLIEN (A.), Licencié ès sciences mathématiques et physiques. — *Méthode nouvelle pour l'enseignement de la Géométrie descriptive (Perspectives et Reliefs),* comprenant :

I. *Cours élémentaire de Géométrie descriptive,* conforme au programme du Baccalauréat ès sciences. In-18 jésus, avec figures et 143 planches intercalées dans le texte; 1875.

II. *Collection de Reliefs* à pièces mobiles, se rapportant aux questions principales du Cours élémentaire.

LAGRANGE. — *OEuvres complètes de Lagrange,* publiées par les soins de M. J.-A. SERRET, Membre de l'Institut, sous les auspices du Ministre de l'Instruction publique. Tomes I, II, III, IV, V, VI. In-4; 1867-1873.

LAPLACE. — *OEuvres complètes de Laplace,* publiées par les soins de MM. les Secrétaires perpétuels de l'Académie des Sciences, avec le concours de M. PUISEUX, Membre de l'Institut, et de M. HOÜEL, Professeur à la Faculté des Sciences de Bordeaux. — TRAITÉ DE MÉCANIQUE CÉLESTE. In-4. Tome I; 1876.

LECOQ DE BOISBAUDRAN. — *Spectres lumineux; Spectres prismatiques et en longueurs d'ondes,* destinés aux recherches de Chimie minérale. 1 vol. de texte grand in-8 et 1 Atlas, même format, de 29 planches gravées sur acier, contenant 56 spectres; 1874.

LEVY (MAURICE), Ingénieur des Ponts et Chaussées, Docteur ès sciences. — La *Statique graphique* et ses *Applications aux constructions.* 1 volume grand in-8, avec un Atlas même format, comprenant 24 planches doubles; 1874.

PASTEUR (L.), Membre de l'Institut. — *Études sur les Maladies des Vers à soie;* moyen pratique assuré de les combattre et d'en prévenir le retour. Deux beaux volumes grand in-8, avec figures dans le texte et 37 planches; 1870.

PONCELET, Membre de l'Institut. — *Introduction à la Mécanique industrielle, physique ou expérimentale.* 3e édition, publiée par M. KRETZ, Ingénieur en chef des Manufactures de l'État. In-8, avec 3 planches; 1870.

PONCELET, Membre de l'Institut. — *Cours de Mécanique appliquée aux machines;* publié par M. KRETZ, Ingénieur en chef des Manufactures de l'État. In-8, avec 117 figures dans le texte et 2 planches gravées sur cuivre, 1874.

RESAL (H.), Membre de l'Institut, ingénieur des Mines, adjoint au Comité d'Artillerie pour les études scientifiques.— *Traité de Mécanique générale,* comprenant les *Leçons professées à l'École polytechnique.* 4 vol. in-8, avec de nombreuses figures dans le texte; 1873-1876.

SECCHI (le P. A.), Directeur de l'Observatoire du Collége Romain, Correspondant de l'Institut de France. — *Le Soleil.* 2e édition. PREMIÈRE et SECONDE PARTIE. Deux beaux vol. grand in-8, avec Atlas; 1875-1876.

Première Partie. — Un vol. grand in-8, avec 150 figures dans le texte, et un Atlas comprenant 6 grandes planches gravées sur acier. (I. *Spectre ordinaire du Soleil* et *Spectre d'absorption atmosphérique.* — II. *Spectre de diffraction,* d'après la photographie de M. Henri DRAPER. — III, IV, V et VI. *Spectre normal du Soleil,* d'après ANGSTRÖM, et *Spectre normal du Soleil, portion ultra-violette,* par M. A. CORNU); 1875.

Deuxième Partie. — Un vol. grand in-8 avec nombreuses figures dans le texte, et planches des *Protubérances solaires* en chromolithographie. *(Sous presse.)*

SCHRÖN. — *Tables de Logarithmes à sept décimales* pour les nombres depuis 1 jusqu'à 108,000, et pour les fonctions trigonométriques de dix secondes en dix secondes; et *Tables d'Interpolation pour le calcul des parties proportionnelles;* précédées d'une *Introduction* par J. Hoüel, Professeur de Mathématiques à la Faculté des Sciences de Bordeaux. — *Édition française.* Grand in-8; Paris, 1875.

TYNDALL (John). — *La Lumière, six lectures faites en Amérique pendant l'hiver de 1872-73;* ouvrage traduit de l'anglais par M. l'abbé Moigno. In-8, avec portrait de l'auteur et nombreuses figures dans le texte; 1875.

VASSAL (le major VLADIMIR), ancien Ingénieur. — *Nouvelles Tables* donnant avec cinq décimales les logarithmes vulgaires et naturels des nombres de 1 à 10,800 et des fonctions circulaires et hyperboliques, pour tous les degrés du quart de cercle de minute en minute. In-4; 1872

LIBRAIRIE

GUILLAUMIN ET CIE

14, RUE RICHELIEU, A PARIS

———————

M. Guillaumin fonda en 1834 la Librairie d'économie politique et de commerce, par la publication du *Dictionnaire du commerce et des marchandises*, de *l'Histoire de l'économie politique* de Blanqui, du *Traité* et du *Cours* de J.-B. Say. Il avait d'abord songé à publier un recueil périodique qui devait être la continuation de son dictionnaire, mais ce projet se modifia, et il résolut de tenter la publication d'une Revue mensuelle d'économie politique.

Le premier numéro du *Journal des Économistes* parut le 15 décembre 1841, et, dès la première année, il reçut plus de quatre cents abonnements. C'était un très-grand succès de librairie, pour l'époque. Le *Journal des Économistes* a toujours été l'organe de la Société d'économie politique fondée aussi en 1841. A partir de ce moment la librairie Guillaumin est devenue le centre du mouvement économique en France.

En même temps qu'il créait le *Journal des Économistes*, M. Guillaumin commençait la *Collection des principaux Economistes*, c'est-à-dire des précurseurs et des fondateurs de la science : Quesnay et les Physiocrates, Turgot, Adam Smith, Malthus, J.-B. Say, Ricardo, etc.

L'an d'après, il créait l'*Annuaire de l'Économie politique et de la Statistique*, qui a mis à la portée de tous les documents tout à fait ignorés ou impossibles à obtenir, et dont la 33e année est sous presse.

En 1850, M. Guillaumin s'occupa de la publication du *Dictionnaire de l'Économie politique*, véritable encyclopédie de l'école économique.

C'est à la librairie Guillaumin que depuis plus de quarante ans la plupart des ouvrages et collections d'économie politique ont été publiés. Il faut mentionner particulièrement: d'une part, la *Collection des Économistes et Publicistes contemporains*, et la *Bibliothèque des Sciences morales et politiques* (elles ont déjà 80 volumes) et d'autre part, le nouveau *Dictionnaire universel du Commerce et de la Navigation*, qui fut terminé en 1861, et qui est un des meilleurs répertoires de notre temps.

OUVRAGES EXPOSÉS

JOURNAL DES ÉCONOMISTES, revue mensuelle de la science économique et de la statistique, fondée en décembre 1841, par M. Guillaumin, rédacteur en chef; M. Joseph Garnier, membre de l'Institut.

ANNUAIRE DE L'ÉCONOMIE POLITIQUE ET DE LA STATISTIQUE, par MM. Guillaumin, Joseph Garnier et Maurice Block. 1875, par M. Block, 32ᵉ année. 1 vol. in-18.

DICTIONNAIRE UNIVERSEL, THÉORIQUE ET PRATIQUE DU COMMERCE ET DE LA NAVIGATION, 2 vol. sous la direction de M. Guillaumin.

DICTIONNAIRE DE L'ÉCONOMIE POLITIQUE, contenant par ordre alphabétique l'exposition des principes de la science, l'opinion des écrivains qui ont le plus contribué à sa fondation et à ses progrès, la bibliographie générale de l'économie politique. 2 vol. grand in-8.

TURGOT. — SES ŒUVRES. 2 très-forts vol. ornés d'un beau portrait de Turgot.

J.-B. SAY. — COURS COMPLET D'ÉCONOMIE POLITIQUE PRATIQUE. 2 vol. grand in-8.

MÉLANGES. — Iʳᵉ PARTIE. — DAVID HUME. — V. DE FORBONNAIS. — CONDILLAC. — LAVOISIER. — FRANKLIN.

MÉLANGES. — IIᵉ PARTIE. — NECKER. — GALIANI. — MORELLET. — MONTYON. — BENTHAM.
   (*Ces ouvrages font partie de la Collection des principaux économistes. 15 vol. grand in-8.*)

PRINCIPES D'ÉCONOMIE POLITIQUE, par John Stuart Mill. 2 forts vol. in-8.

STATISTIQUE DE LA FRANCE, comparée avec les divers pays de l'Europe, par M. Maurice Block. Ouvrage couronné par l'Institut (Prix de statistique). 2 vol. in-8.

TRAITÉ DES FINANCES, par M. Joseph Garnier, membre de l'Institut rédacteur en chef du *Journal des Économistes*, 3ᵉ édit. 1 fort vol. in-8.

DES FORMES DE GOUVERNEMENT ET DES LOIS QUI LES RÉGISSENT, par M. Hᵗᵉ Passy, Membre de l'Institut. 1 vol. in-8.

EXPOSÉ D'UN SYSTÈME DE LÉGISLATION CRIMINELLE pour l'État de la Louisiane et pour les États-Unis d'Amérique, par LIVINGSTON, ancien ministre plénipotentiaire des États-Unis, précédé d'une *Préface* par M. CH. LUCAS, de l'Institut, et d'une *Notice* par M. MIGNET, de l'Institut. 2 vol. in-8.

LE DROIT INTERNATIONAL CODIFIÉ, par BLUNTSCHLI. Traduit de l'allemand, par M. C. LARDY, et précédé d'une *Préface* par M. ÉDOUARD LABOULAYE, de l'Institut. 1 vol. in-8. 2ᵉ édition.

PRÉCIS DU DROIT DES GENS MODERNES DE L'EUROPE, par G.-F. DE MARTENS. 2 vol. in-8.

LE DROIT DE LA GUERRE ET DE LA PAIX, par HUGO GROTIUS. 3 vol. in-8.

LE DROIT DES GENS, *Principes de la loi naturelle appliqués à la conduite et aux affaires des nations et des souverains*, par VATTEL. 3 vol. in-8.

ŒUVRES COMPLÈTES DE FRÉDÉRIC BASTIAT, publiées sur les manuscrits de l'auteur, par M. PAILLOTTET, et précédées d'une notice biographique, par M. R. DE FONTENAY, 7 vol. in-8.

COURS DE DROIT CONSTITUTIONNEL, par Rossi, professé à la Faculté de Droit de Paris, recueilli par M. A. PORÉE, avec une *Introduction* de M. BONCOMPAGNI, député au Parlement italien. 4 vol. in-8.

PRÉCIS DE DROIT ADMINISTRATIF, par M. PRADIER-FODÉRÉ. 7ᵉ édition. 1 vol. in-8.
(*Ces ouvrages font partie de la Collection des Économistes et Publicistes contemporains.*)

TRAITÉ D'ÉCONOMIE POLITIQUE, SOCIALE OU INDUSTRIELLE. Exposé didactique des principes et des applications de cette science avec des développements sur le Crédit, les Banques, le Libre Échange, la Protection, l'Association, les Salaires, par M. JOSEPH GARNIER, professeur à l'École des ponts et chaussées, membre de l'Institut. Adopté dans plusieurs écoles ou universités. 7ᵉ édition. 1 très-fort vol. in-18, de 784 pages.

PREMIÈRES NOTIONS D'ÉCONOMIE POLITIQUE, SOCIALE OU INDUSTRIELLE, par M. JOSEPH GARNIER. 4ᵉ édition. 1 vol. in-18.

NOTES ET PETITS TRAITÉS, contenant *Éléments de Statistique*, Notices et Opuscules divers, faisant suite aux Traités d'Économie politique et de Finances, par M. JOSEPH GARNIER. 2ᵉ édition. 1 fort vol. in-18.

LA LIBERTÉ, par J. STUART-MILL. Traduit et augmenté d'une *Préface*, par M. DUPONT-WHITE. 2ᵉ édition, augmentée d'un *Avant-propos* du traducteur. 1 vol. in-18.

ESSAI SUR L'ÉCONOMIE RURALE DE L'ANGLETERRE, DE L'ÉCOSSE ET DE L'IRLANDE, par M. L. de Lavergne, membre de l'Institut. 4ᵉ édition. 1 beau vol. gr. in-18.

ŒUVRES COMPLÈTES DE F. BASTIAT, mises en ordre, revues et annotées d'après les manuscrits de l'auteur, par M. Paillottet, et précédées d'une *Notice* sur sa vie et ses écrits, par M. R. de Fontenay. 7 beaux et forts vol. grand in-18.

HISTOIRE DE L'ÉCONOMIE POLITIQUE, *depuis les anciens jusqu'à nos jours,* suivie d'une *Bibliographie raisonnée de l'Économie politique,* par Blanqui, membre de l'Institut. 2 vol. gr. in-18.

MANUEL D'ÉCONOMIE POLITIQUE, par M. H. Baudrillart, Membre de l'Institut, ex-professeur au Collège de France. 3ᵉ édition. 1 fort vol. grand in-18.
   Premier prix Montyon, décerné par l'Académie française.
   Ces ouvrages font partie de la Bibliothèque des Sciences morales et politiques.

LES ÉTATS-UNIS DE L'AMÉRIQUE SEPTENTRIONALE; *leurs origines, leur émancipation et leurs progrès,* par M. Frout de Fontpertuis. 1 vol. in-8.

MANUEL DES AFFAIRES, ou *Traité théorique des entreprises industrielles, commerciales et agricoles,* par M. Courcelle-Seneuil. 3ᵉ édit. 1 fort vol. in-8.

TRAITÉ THÉORIQUE ET PRATIQUE DES OPÉRATIONS DE BANQUE, par M. Courcelle-Seneuil. 5ᵉ édit. 1 vol. in-8.

ORGANISATION ÉLECTORALE ET REPRÉSENTATIVE DE TOUS LES PAYS CIVILISÉS, par M. J. Charbonnier. 1 vol. in-8.

LE BUDGET DE L'ÉTAT, COMPARÉ, EXPLIQUÉ, MIS EN LUMIÈRE DANS SES DÉTAILS, réformes financières, judiciaires et administratives, par M. G. Vraye. 1 vol. in-8.

THÉORIE DES CHANGES ÉTRANGERS, par M. G.-J. Goschen, membre du Parlement d'Angleterre, chancelier du duché de Lancastre, traduite et précédée d'une *Introduction* par M. Léon Say. 2ᵉ édition, suivie du Rapport fait au nom de la Commission du budget de 1875, sur LE PAYEMENT DE L'INDEMNITÉ DE GUERRE ET SUR LES OPÉRATIONS DE CHANGE QUI EN ONT ÉTÉ LA CONSÉQUENCE, par M. Léon Say, membre de l'Institut, ministre des Finances, député de la Seine. 1 vol. in-8.

DE LA COLONISATION CHEZ LES PEUPLES MODERNES, par M. Paul Leroy-Beaulieu. 1 vol. in-8.

TRAITÉ DE DROIT FRANÇAIS, PRIVÉ ET PUBLIC, par M. Moullart. 1 vol. in-8.

HACHETTE ET CIE

LIBRAIRES-ÉDITEURS

PARIS : BOULEVARD SAINT-GERMAIN, 79
LONDRES : 18, King William Street, Strand

ÉDUCATION, ENSEIGNEMENT, LITTÉRATURE SCIENCES ET ARTS

MÉDAILLE D'OR A L'EXPOSITION UNIVERSELLE DE PARIS, 1867
GRAND DIPLÔME D'HONNEUR
A L'EXPOSITION UNIVERSELLE DE VIENNE, 1873
DÉCORATION DE LA LÉGION D'HONNEUR EN 1867 ET 1873
LETTRE DE DISTINCTION AU CONGRÈS GÉOGRAPHIQUE DE PARIS, EN 1875

Principales publications de la Librairie Hachette et Cie :

LES GRANDS ÉCRIVAINS DE FRANCE, publiés sous la direction de M. Ad. Regnier.

GRANDS DICTIONNAIRES de la langue française, d'histoire et de géographie, de chimie, de botanique, de la vie pratique, de la France, des antiquités, par MM. Baillon, Bélèze, Bouillet, Daremberg et Saglio, Joanne, Lalanne, Littré, Martigny, Sonnet, Vapereau, Vivien de Saint-Martin, Würtz.

COLLECTION DE LITTÉRATURE POPULAIRE.

BIBLIOTHÈQUE DES MEILLEURS ROMANS ÉTRANGERS.

COLLECTION DE GUIDES pour les voyageurs, publiés sous la direction de M. Ad. Joanne.

GRANDES PUBLICATIONS ILLUSTRÉES

Éditions de grand luxe. — Voyages. — Vulgarisation des sciences. — Publications pour l'enfance. — Histoire et Littérature. — Le Tour du monde. — Le Journal de la Jeunesse. — Bibliothèque rose illustrée pour les enfants et les adolescents. — Bibliothèque des Merveilles publiée sous la direction de M. Édouard Charton. — Grand atlas de M. Vivien de Saint-Martin. — Géographie universelle, par Élisée Reclus. — Un grand nombre d'ouvrages littéraires, scientifiques.

ÉDITIONS SAVANTES des principaux Classiques latins et grecs. — Tous les ouvrages à l'usage de l'enseignement primaire, de l'enseignement secondaire spécial, de l'enseignement classique. Cartes murales. — Matériel pour les écoles et l'enseignement des sciences.

LES
SAINTS ÉVANGILES

TRADUCTION TIRÉE

DES ŒUVRES DE BOSSUET

PAR M. H. WALLON

DE L'INSTITUT

ENRICHIE DE

128 GRANDES COMPOSITIONS GRAVÉES A L'EAU-FORTE

D'APRÈS LES DESSINS ORIGINAUX

DE BIDA

PAR Mme HENRIETTE BROWNE ET MM. BIDA, BODMER
BRAQUEMOND, CHAPLIN, DEBLOIS
LÉOPOLD FLAMENG, L. GAUCHEREL, E. GILBERT, E. GIRARDET, HAUSSOULIER
EDMOND HÉDOUIN, MASSARD
MOUILLERON, CÉLESTIN NANTEUIL ET VEYRASSAT

ET DE

290 TITRES ORNÉS, TÊTES DE CHAPITRE
CULS-DE LAMPE, LETTRINES

Gravés sur acier par L. GAUCHEREL, d'après les dessins de

CH. ROSSIGNEUX

ET IMPRIMÉS EN TAILLE-DOUCE DANS LE TEXTE

Les caractéres typographiques ont été gravés spécialement pour ce livre par M. VIEL-CAZAL, d'après les dessins de M. Ch. ROSSIGNEUX. L'impression en taille-douce a été exécutée avec le concours de MM. ED. HÉDOUIN et VIEL-CAZAL, par M. SALMON, et l'impression typographique par M. CLAVE sous la direction de M. VIEL-CAZAL. Le papier vélin a été fabriqué par les papeteries du MARAIS et de SAINTE-MARIE ; le papier de Hollande par MM. C. et S. HONIG BREET de Zaandyle, et l'encre par M. LORILLEUX fils aîné.

〰〰〰

DEUX MAGNIFIQUES VOLUMES GRAND IN-FOLIO

Avec encadrements et titres imprimés en rouge

49   7

J. HETZEL ET CIE

LIBRAIRES-ÉDITEURS

18, rue Jacob, 18. — Paris

MAGASIN ILLUSTRÉ

D'ÉDUCATION ET DE RÉCRÉATION

COURONNÉ PAR L'ACADÉMIE FRANÇAISE

Publié sous la direction

DE

MM. JEAN MACÉ, P.-J. STAHL, JULES VERNE

BIBLIOTHÈQUE ILLUSTRÉE D'ÉDUCATION ET DE RÉCRÉATION

LIBRAIRIE GÉNÉRALE

La librairie J. HETZEL et Cie a actuellement plus de quarante ans d'existence. Fort jeune, M. HETZEL fut un des associés de la Maison HETZEL et PAULIN, cette raison sociale qui devint plus tard la sienne, fit plusieurs affaires en participation avec les Maisons PAULIN, DUBOCHET, etc., et c'est ce groupe d'éditeurs qui a inauguré en France la publication, à des prix accessibles à tous, de beaux livres qui sont restés, pour le public comme pour les amateurs, de vrais modèles du genre. Nous citerons spécialement le *Molière*, le *Don Quichotte*, le *Gil Blas*, le *Voyage où il vous plaira*, les *Animaux peints par eux-mêmes*, le *Diable à Paris*, illustrés par MEISSONIER, TONY-JOHANNOT, GAVARNI, GRANDVILLE, etc. M. HETZEL commença alors ses publications pour la jeunesse et l'enfance, par une collection de 18 petits volumes intitulée le « *Nouveau Magasin des enfants* », signée des noms des littérateurs les plus célèbres du temps, et illustrée par nos meilleurs dessinateurs. Mais ce ne fut que plus tard que M. HETZEL put porter à peu près exclusivement ses efforts dans ce sens. Grâce au concours d'écrivains et d'artistes éminents, l'œuvre, bien accueillie du public, fut bientôt en pleine voie de prospérité. Le *Magasin d'éducation et de récréation* fut créé en 1864, et autour de cette publication vinrent se grouper plusieurs séries de publications pour l'enfance, depuis le premier âge et la jeunesse, qui font à la Maison J. HETZEL et Cie une place toute spéciale dans la Librairie française.

OUVRAGES EXPOSÉS

I. MAGASIN ILLUSTRÉ D'ÉDUCATION ET DE RÉCRÉATION, couronné par l'Académie française, publié sous la direction de MM. J. MACÉ, P.-J. STAHL et J. VERNE. 11 volumes comprenant environ 450 nouvelles, contes ou articles scientifiques, et environ 2,800 illustrations. Prix de chaque demi-volume broché : 7 fr.; cart. toile, tranches dorées : 10 fr.; relié, tranches dorées : 12 fr.

Abonnement annuel. — Paris : 14 fr.; Départements : 16 fr.; Union postale : 17 fr.

II. BIBLIOTHÈQUE D'ÉDUCATION ET DE RÉCRÉATION, 115 volumes in-18, signés par MM. BIART, BRACHET, ERCKMANN-CHATRIAN, FARADAY, VICTOR HUGO, LEGOUVÉ, MACÉ, MAPES, DODGE, MAYNE-REID, MACAULAY, J. SANDEAU, P.-J. STAHL, SIMONIN, TYNDALL, J. VERNE, etc., etc. Prix de chaque volume broché : 3 fr.; cartonné toile : 4 fr.

III. PUBLICATIONS DE GRAND LUXE.
SPÉCIMEN

Les Contes de Perrault. 40 grandes illustrations de G. DORÉ.

IV. PUBLICATIONS POUR L'ENFANCE.
SPÉCIMENS

Albums en chromolithographie Silbermann. Texte par P.-J. STAHL, dessins et coloriages par F. FRŒLICH, gravures par M. MATTHIS. 11 albums à 1 fr. 50 brochés; 3 fr., toile.

V. PUBLICATIONS POPULAIRES
SPÉCIMENS

27 grandes brochures in-8º de MM. VICTOR HUGO, ERCKMANN-CHATRIAN, J. VERNE, etc.; illustrées par TH. SCHULER, E. BAYARD, RIOU, FÉRAT, DE NEUVILLE, GAVARNI, GÉRARD SÉGUIN, BEAUCÉ, CHIFFLART, etc., etc.
A prix divers.

D. JOUAUST

Imprimeur-Éditeur, rue Saint-Honoré, 338, à Paris

LIBRAIRIE DES BIBLIOPHILES

ÉDITIONS DE LUXE

COMPOSÉES EN CARACTÈRES ELZEVIRIENS AVEC ORNEMENTS DANS LE TEXTE ET TIRÉES
SUR PAPIERS A LA FORME

Caractères et fleurons gravés spécialement pour la Maison

RÉIMPRESSION		PLANCHES ORIGINALES
DES		PAR LES
ANCIENS AUTEURS		PREMIERS ARTISTES
FRANÇAIS		CONTEMPORAINS

RÉCOMPENSES

MÉDAILLE D'ARGENT
à l'Exposition universelle de Paris, 1867

MÉDAILLE DE BON GOUT
à l'Exposition univ. de Vienne, 1873

CROIX DE LA LÉGION D'HONNEUR, 1872

(Voir son exposition individuelle, où se trouve le Catalogue complet)

La Maison Jouaust, l'une des plus anciennes de Paris, s'est attachée spécialement, depuis 1865, à des travaux de luxe, dont le développement a été assez important et assez rapide pour que les ouvrages sortant de ses presses soient aujourd'hui universellement connus.

Les éditions de bibliophiles qui ont fait sa réputation se distinguent par l'*élégance des caractères* dits *elzeviriens,* imités des plus beaux modèles du xvie siècle ; — par la présence des *fleurons et lettres ornées,* qui offrent à l'œil avec plus de clarté les divisions d'un ouvrage, et en rendent ainsi la lecture plus facile et plus agréable ; — par la beauté et la solidité du *papier vergé,* ou *papier à la forme,* à qui la qualité supérieure de la matière employée et le mode de fabrication assurent une durée illimitée.

Le mérite littéraire de ces éditions est dans la reproduction exacte des *textes authentiques,* conservés avec leur physionomie originale par le maintien de l'orthographe du temps. Elles sont aussi accompagnées de notices, notes et glossaires, faits pour un public déjà lettré, et desquels on a écarté toute érudition inutile.

Enfin, par ses éditions avec planches hors texte, dont l'importance grandit tous les jours, la Maison a très-largement contribué au grand développement pris dans ces derniers temps par la gravure à l'eau-forte.

OUVRAGES EXPOSÉS

FABLES DE LAFONTAINE.— 1 vol. in-8°. Tom. I. — Collection des *Classiques Français*, à 12 fr. 50 le volume.

CONTES ET DISCOURS D'EUTRAPEL.— 1 vol. petit in-8°. T. II. — Collection des *Conteurs Francais*, à 10 fr. le volume.

ŒUVRES DE LOUISE LABÉ. — 1 vol. in-16. Prix 12 fr. — Collection du *Cabinet du Bibliophile*.

LA CHAUMIÈRE INDIENNE. — 1 vol. in-16. Prix 3 fr. — Collection des *Petits Chefs-d'œuvre*.

SATIRES DE REGNIER. — GRANDEUR ET DÉCADENCE DES ROMAINS, de Montesquieu. — 2 vol. in-16. Les deux premiers ouvrages de la *Nouvelle Bibliothèque Classique* à 3 fr. le volume, donnant à bon marché de véritables éditions de bibliophiles.

ÉDITIONS A GRAVURES

IMITATION DE JÉSUS-CHRIST. — 1 vol. grand in-8°. Dessins d'Henry Lévy gravés à l'eau-forte par Waltner. Ornements du texte par Giacomelli. Prix 30 fr. — De la collection des *Grandes Publications Artistiques*.

VOYAGE SENTIMENTAL DE STERNE. — Traduction nouvelle par Hédouin, gravures à l'eau-forte par Edmond Hédouin. 1 vol. in-16. Prix 20 fr. — De la *Petite Bibliothèque Artistique*.

PAUL ET VIRGINIE. — Dessins d'Émile Lévy gravés à l'eau-forte par Flameng, dessins sur bois de Giacomelli. 1 vol. petit in-18. Prix 20 fr. — De la *Collection Bijou*.

Tous ces ouvrages sont renfermés dans des cartonnages artistiques de PIERSON, relieur à Paris

Voir les autres ouvrages à l'exposition individuelle de M. Jouaust

ANCIENNE MAISON MICHEL LÉVY FRÈRES

CALMANN LÉVY

ÉDITEUR

Rue Auber, 3, et boulevard des Italiens, 15

A LA LIBRAIRIE NOUVELLE

Le nom de MICHEL LÉVY FRÈRES est trop universellement et trop honorablement connu pour qu'il soit besoin de le recommander au public. Partout où ont pénétré les chefs-d'œuvre de la littérature française, ce nom jouit d'une réputation justifiée par quarante ans de la plus industrieuse activité, comme de la plus haute probité commerciale. En effet, si, dans cet espace de temps relativement restreint, la maison MICHEL LÉVY FRÈRES, dont l'origine fut extrêmement modeste, a su conquérir une des premières places dans la librairie européenne, c'est grâce à l'intelligence supérieure et aux efforts incessants de ses fondateurs, MM. MICHEL et CALMANN LÉVY.

Ces infatigables travailleurs n'ont reculé devant aucun obstacle, et ils les ont tous surmontés avec un rare bonheur.

La littérature française leur doit cet immense service d'avoir été délivrée de la contrefaçon étrangère, grâce à l'extrême bon marché auquel ils sont parvenus à établir le plus grand nombre de leurs publications. Si l'on remarque qu'outre cette modicité de prix, qui fit une révolution dans la librairie, la correction des textes et la beauté de l'impression ne laissent rien à désirer aux bibliophiles les plus exigeants, on ne s'étonnera pas que MM. MICHEL LÉVY FRÈRES soient devenus les éditeurs de presque toutes les célébrités contemporaines.

Toutes ces gloires de la littérature nationale ont puissamment contribué à l'extension rapide de la maison MICHEL LÉVY FRÈRES ; mais il est juste de reconnaître qu'elle a été aussi pour une part dans leur succès, en reproduisant à l'infini la pensée de l'écrivain, et, par les nombreuses relations qu'elle s'est créées, ouvrant sur tous les marchés de l'Europe des débouchés pour les productions de l'esprit français.

Si la mort a malheureusement enlevé, en pleine activité, l'un des créateurs de cette maison, M. MICHEL LÉVY, il convient de dire que la grande entreprise, fondée pour ainsi dire pierre à pierre par les deux frères, subsiste et grandit encore de jour en jour sous la direction de M. CALMANN LÉVY, qui reste seul propriétaire et chef de la maison.

OUVRAGES EXPOSÉS

MISSION DE PHÉNICIE (1860-1862) par ERNEST RENAN. Cet ouvrage
forme un volume in-4 de texte de 888 pages et d'un volume in-folio
composé de 70 planches, un titre et une table des planches . 165 fr. »
    Reliure toile, avec titres . . . . 175 fr. »

LA GUERRE CIVILE EN AMÉRIQUE par le COMTE DE PARIS. 4 vol.
Prix, brochés. . . . . 30 fr. »
    Reliure demi-veau . . . . 38 fr. »

ATLAS DE LA GUERRE CIVILE EN AMÉRIQUE par le COMTE DE PARIS.
4 livraisons contenant 19 belles planches. . . . . 30 fr. »

LES GRANDES USINES par TURGAN. *Les Grandes Usines* paraissent par
livraisons de 16 pages grand in-8, imprimées sur beau papier satiné,
ornées de belles gravures et de dessins explicatifs, contenant l'histoire
et la description d'une des grandes usines de la France ou de l'étranger,
ainsi que l'explication détaillée de l'industrie qu'elle représente.

DIX VOLUMES SONT EN VENTE

Prix de chaque volume : broché, 12 fr.; relié avec tranches dorées, 17 fr.

L'UNIVERS ILLUSTRÉ, le plus grand et le meilleur marché des journaux
illustrés publiés en 16 pages.
Prix de l'année pour l'Amérique . . . . 27 fr. »
— La collection forme aujourd'hui 34 volumes contenant plus de
15,000 gravures.

LES BONS ROMANS, chefs-d'œuvre de la littérature contemporaine
par VICTOR HUGO, ALEXANDRE DUMAS, GEORGE SAND, LAMARTINE, ALFRED
DE MUSSET, EUGÈNE SUE, FRÉDÉRIC SOULIÉ, ALPHONSE KARR, CH. DE BER-
NARD, ALEX. DUMAS FILS, HENRY MURGER, HENRI CONSCIENCE, PAUL FÉVAL,
ÉMILE SOUVESTRE, ETC., ETC., 26 vol. sont en vente. Chaque volume,
format in-4, orné de 104 gravures. Prix : broché . . . . . 3 fr. »
    Relié en toile avec plaque spéciale. . . . . 4 fr. 50

LIBRAIRIE AGRICOLE

DE

la Maison Rustique

26, RUE JACOB, A PARIS

DIVISION DU CATALOGUE

AGRICULTURE GÉNÉRALE ET CULTURES SPÉCIALES
ANIMAUX DOMESTIQUES — ABEILLES — VERS A SOIE
CHIMIE ET PHYSIQUE AGRICOLES — ENGRAIS
INDUSTRIES AGRICOLES
ÉCONOMIE RURALE — ENSEIGNEMENT — COMPTABILITÉ
GÉNIE RURAL — MACHINES ET CONSTRUCTIONS AGRICOLES
BOTANIQUE ET HORTICULTURE — SYLVICULTURE

ENSEIGNEMENT PRIMAIRE AGRICOLE
18 VOLUMES A 0 FR. 75

BIBLIOTHÈQUE AGRICOLE ET HORTICOLE
45 VOLUMES A 3 FR. 50

BIBLIOTHÈQUE DU CULTIVATEUR	BIBLIOTHÈQUE DU JARDINIER
44 VOL. A 1 FR. 25 LE VOL.	19 VOL. A 1 FR. 25 LE VOL.

40me ANNÉE
JOURNAL D'AGRICULTURE PRATIQUE
Fondé en 1837, par ALEXANDRE BIXIO. — Couronné en 1863,
par l'Académie des Sciences
Rédacteur en chef : ED. LECOUTEUX

48me ANNÉE
REVUE HORTICOLE
Fondée en 1829, par les auteurs du *Bon Jardinier*
Rédacteur en chef : E. A CARRIÈRE

13me ANNÉE
GAZETTE DU VILLAGE
Fondée en 1864, par VICTOR BORIE

LA LIBRAIRIE AGRICOLE

DE LA MAISON RUSTIQUE

EXPOSE :

LA MAISON RUSTIQUE DU XIXe SIÈCLE, publiée sous la direction d'ALEXANDRE BIXIO, 5 vol. grand in-8.

COURS D'AGRICULTURE, par le comte DE GASPARIN, 6 vol. in-8.

COURS D'AGRICULTURE PRATIQUE, par G. HEUZÉ, 6 vol. in-8 et atlas,

LE BON JARDINIER, almanach horticole, éditions de 1764, 1792, 1805, 1830, 1876. (La 1re édition du *Bon Jardinier* est antérieure à 1755 : une édition nouvelle a été publiée régulièrement chaque année depuis 1755, à deux exceptions près : 1815 et 1871.)

GRAVURES DU BON JARDINIER, 23e édition. (La 1re édition a été publiée en 1813.)

16 Ouvrages divers.
12 volumes de la *Bibliothèque de l'Enseignement primaire agricole*, à 0,75 le volume.
32 volumes de la *Bibliothèque agricole et horticole* à 3 fr. 50 le vol.
39 volumes de la *Bibliothèque du Cultivateur* à 1 fr. 25 le vol.
19 volumes de la *Bibliothèque du Jardinier* à 1 fr. 25 le vol.
10 années diverses du *Journal d'Agriculture pratique* (1835-1840-1850-1855-1860-1865-1872-1873-1874-1875).
10 années diverses de la *Revue horticole*. (1843-1850-1855-1861-1865-1869-1872-1873-1874-1875.)
Les 10 dernières années de la *Gazette du Village* (1866 à 1875).

NOMS DES AUTEURS DES OUVRAGES EXPOSÉS

André.	Decaisne.	Heuzé.	Marié-Davy.	Riondet.
Bailly.	Delchevalerie.	Jacque.	Masure.	Sacc.
Barral.	Dubost.	Joigneaux.	Millet-	Saintoin-
Bastian.	Dumas.	La Blanchère	Robinet.	Leroy.
Bénion.	Dupuis.	Lachaume.	Muller	Sanson.
Bixio.	Gasparin.	Lecoq.	Mussa.	Vergnette-
Boncenne.	Gayot.	Lecouteux.	Naudin.	Lamotte
Borie.	G. St-Hilaire.	Lefour.	Pelletan.	Vial.
Bossin.	Grandeau.	Lemaire.	Personnat.	Vidal.
Carrière.	Grandvoinnet.	Le Maout.	Pierre.	Vidalin.
Damourette.	Guyot.	Loisel.	Poiteau.	Villeroy.
Dampierre.	Hérincq.	Magne.	Puvis.	Villemorin.

8

LIBRAIRIE RENOUARD

H. LOONES SUCCESSEUR

6, rue de Tournon, 6. — Paris

1855, MÉDAILLE DE 2ᵉ CLASSE ET 1867, MÉDAILLE D'ARGENT

La maison Renouard a été fondée vers la fin du xviiiᵉ siècle, par un homme qui fut à la fois un bibliophile des plus ardents et un bibliographe des plus distingués. Antoine-Augustin Renouard, né en 1765, mort en 1852, poussa le goût des livres jusqu'à la passion, et ce fut moins pour faire fortune que pour mettre au jour de beaux ouvrages qu'il devint éditeur après avoir été un collectionneur délicat dès l'âge de seize ans.

Dans sa longue carrière, il n'a publié que des livres dignes des soins qu'il y voulait apporter, les classiques latins et français, les poëtes du xviᵉ et du xviiiᵉ siècle; mais il avait à cœur de ne publier sous son nom que des éditions correctes, châtiées, élégantes, bien imprimées, dont le texte latin, grec ou français, eût été soigneusement vérifié par Renouard lui-même, latiniste, helléniste et grammairien, comme l'a été le chef de la maison Didot.

La prédilection d'Antoine-Augustin Renouard pour les livres bien faits et pour les estampes bien gravées et bien tirées l'avait mis en rapport avec les artistes de son temps, Moreau, Desenne, Saint-Aubin, Prud'hon, qui ont illustré de leurs vignettes les éditions de Renouard ou enrichi ses exemplaires des plus belles et des plus rares épreuves de leurs planches. En publiant le *Catalogue de la Bibliothèque d'un Amateur* (cette bibliothèque était la sienne), Antoine-Augustin l'a rempli de notes curieuses et de renseignements précieux pour les Bibliophiles. C'est pour eux qu'il écrivit les *Annales de l'Imprimerie des Alde* ou Histoire des trois Manuce et de leurs éditions, en 3 volumes in-8º, et les *Annales de l'Imprimerie des Etienne*, en 1 volume. Mais ce qui honore le plus la mémoire d'Antoine-Augustin Renouard, c'est que, par une lettre généreuse et courageuse adressée, en l'an II de la République française, à la Convention nationale, il fut l'instigateur du décret rendu par cette assemblée le 4 brumaire de la même année (1793) pour faire défendre d'enlever, détruire, mutiler ou altérer en aucune manière les livres, gravures ou manuscrits revêtus des signes de la féodalité.

Les traditions laissées par Antoine-Augustin ont été précieusement suivies par deux de ses fils, Paul et Jules Renouard. Ce dernier a été le continuateur direct de son père et l'héritier de sa librairie. Il y a montré les mêmes goûts, le même culte pour les belles-lettres et pour les classiques.

Sous sa direction, la maison Renouard a repris et publié la grande *Histoire des Peintres de toutes les Écoles*, dont la publication a duré vingt-huit ans et se trouve aujourd'hui terminée par M. Loones, successeur des Renouard. Depuis vingt-cinq ans, les livres d'art sont devenus une des spécialités de la librairie qui porte encore le nom respecté de son fondateur.

HISTOIRE DES PEINTRES

DE TOUTES LES ÉCOLES

DEPUIS LA RENAISSANCE JUSQU'A NOS JOURS

TEXTE

PAR M. CHARLES BLANC

Membre de l'Institut

ET PAR DIVERS ÉCRIVAINS SPÉCIAUX

———◁◆▷———

14 volumes grand in-4 jésus, papier vélin glacé, ornés de 3,180 gravures, fac-simile, marques et monogrammes, représentant les chefs-d'œuvre des maîtres, avec le catalogue de leurs œuvres, le prix des tableaux dans les ventes, etc. Prix. . . . .   630 fr. »

Quelques exemplaires ont été tirés sur papier supérieur
Prix. . . . .   1000 fr. »

Les dessinateurs et graveurs, ainsi que l'imprimeur et l'éditeur ont obtenu des médailles de première et deuxième classes aux Expositions universelles de 1855 et 1867.

Les Écoles se vendent séparément sans augmentation de prix :

ÉCOLE FRANÇAISE,	3 vol. 740 grav., fac-simile, marques et monogrammes.			150 fr.
— HOLLANDAISE,	2 vol. 645 grav.,	—	—	100 fr.
— FLAMANDE,	1 vol. 315 grav.,	—	—	60 fr.
— ANGLAISE,	1 vol. 145 grav.,	—	—	33 fr.
— ESPAGNOLE,	1 vol. 166 grav.,	—	—	30 fr.
— ALLEMANDE,	1 vol. 376 grav.,	—	—	60 fr.

ÉCOLES ITALIENNES

— OMBRIENNE et ROMAINE,	1 vol, 186 grav.,	—	—	45 fr.
— FLORENTINE,	1 vol. 175 grav.,	—	—	45 fr.
ÉCOLE VÉNITIENNE,	1 vol. 160 grav.,	—	—	40 fr.
— BOLONAISE,	1 vol. 110 grav.,	—	—	22 fr.
— ÉCOLES MILANAISE, LOMBARDE, GÉNOISE ET NAPOLITAINE. 1 vol. 162 gav.				45 fr.

Cet important ouvrage, dont la publication a duré 28 ans sans interruption, est un véritable monument élevé à la gloire des arts et en même temps un vaste musée qui offre aux gens du monde un riche domaine de jouissances artistiques et à la jeunesse un moyen bien précieux d'enrichir sa conversation, de vérifier pour ainsi dire par l'histoire de l'art, ce qu'elle sait déjà de la littérature, des mœurs et de la géographie des nations.

L'Histoire des peintres sera pour les futurs voyageurs un guide à travers les musées de Rome, de l'Ermitage, de Florence, de Dresde, de Madrid, d'Amsterdam, du Louvre, etc., ceux qui ont déjà visité ces précieuses galeries seront charmés de retrouver dans cette vaste encyclopédie artistique la reproduction des chefs-d'œuvre qui sont l'orgueil du monde civilisé.

INGRES, SA VIE, SES OUVRAGES, par Charles Blanc, membre de l'Institut, 1 beau vol. grand in-8, orné d'un portrait du maître et de 12 gravures sur acier, un fac-simile d'autographe et une gravure sur bois . . . . 25 fr. »

LES ŒUVRES D'ART de la Renaissance italienne au temple de Saint-Jean (*baptistère de Florence*), par F.-A. Gruyer, membre de l'Institut. 1 beau volume in-8 cavalier avec figures. . . . . . . 10 fr. »

HISTOIRE DES ÉVENTAILS, par M. S. Blondel. 1 vol. in-8 cavalier, sur beau papier teinté, avec nombreuses gravures d'éventails artistiques, historiques, de diverses époques et de tous pays. . 10 fr. »

Jusqu'ici l'*Histoire des Éventails* n'a été l'objet que de notices plus ou moins abrégées. La partie historique, archéologique et artistique avait été complétement négligée. C'est ce qu'a compris M. S. Blondel, dont l'ouvrage se termine par de curieuses notices sur l'écaille, la nacre et l'ivoire, substances précieuses employées de tout temps par les éventaillistes pour encadrer les compositions des maîtres les plus appréciés.

LA CLEF DE LA SCIENCE (5ᵉ édition), ou les Phénomènes de tous les jours expliqués, par le docteur Brewer ; revue, corrigée et considérablement augmentée par M. l'abbé Moigno. 1 fort volume in-18 anglais de 750 pages, avec figures dans le texte, terminé par une table analytique du plus grand intérêt pour l'ouvrage. Prix : broché. 4 fr. 50

Instruire les masses par un charmant traité à la portée des enfants et de tout le monde, apprendre aux ignorants et rappeler aux gens instruits ce qu'ils ont oublié : tel est le but de cet ouvrage vendu déjà à plus de cent mille exemplaires.

Dʳ Quesneville.

GUIDE DE L'AMATEUR DE FAÏENCES ET PORCELAINES, terres cuites, poteries de toute espèce, émaux sur métaux, peintures sur lave, verres, cristaux, vitraux, pierres précieuses et dents artificielles, mosaïques et peintures sur cristal; par Auguste Demmin. 3 vol. grand in-18 anglais de 1,600 pages, illustrés de 300 reproductions de poteries, de 3,000 marques et monogrammes dans le texte et terminés par trois tables de plus de 9,000 articles, dont deux des marques et monogrammes par ordre générique et alphabétique, 4ᵉ édition. . . . . . 24 fr. »

SOUVENIRS DU RÈGNE DE LOUIS XIV, par le comte J. de Cosnac, 5 vol. in-8 . . . . 37 fr. 50
Chaque vol. se vend séparément . . . . 7 fr. 50

ÉLÉMENTS DE GÉOGRAPHIE GÉNÉRALE, ou Description abrégée de la Terre, d'après ses divisions politiques coordonnées avec ses divisions naturelles, par Adrien Balbi, revus et corrigés par M. Henri Chotard, doyen de la Faculté des lettres de Clermont-Ferrand, 4ᵘ édition 1875, adopté pour les Bibliothèques des lycées et les distributions de prix, 1 vol. in-16 de 540 pages, avec 12 cartes petit in-4, gravées spécialement pour cet ouvrage. Broché ou cartonné. . . . . 5 fr. »

GRAMMAIRE DES ARTS DU DESSIN (3ᵉ édition 1876). Architecture, Sculpture, Peinture, Jardins, Gravure en pierres fines, Gravure en Taille-douce, Eau-forte, Matière noire, Aqua-tinte, Gravure en bois, Camaïeu, Gravure en couleurs, Lithographie; par M. CHARLES BLANC, membre de l'Institut. Revue et augmentée d'une table analytique. 1 vol. grand in-8 jésus, orné de 300 gravures. . . . . 20 fr. »

Un grand travail d'esthétique avait même tenté le choix de l'Académie, œuvre d'un écrivain plein de goût et de lumières, et qui renferme, au sentiment des juges les plus autorisés, une étude approfondie et complète des arts du dessin, enseigne la connaissance et inspire la passion du beau, et montre à l'art toute sa grandeur; livre destiné peut-être à devenir le manuel des artistes et dont je nommerai honorablement ici l'auteur, M. CHARLES BLANC.

M. LEBRUN, *présidant les cinq classes de l'Institut, dans la séance solennelle du 14 août 1867.*

M. CHARLES BLANC est un des maîtres en fait d'art et de goût. Ses études, son talent, son autorité, vont, à ce qu'on nous assure, recevoir une des plus enviables récompenses. Admis par l'Académie des Beaux-Arts à concourir pour le prix biennal, il sera, nous l'espérons, le candidat heureux et couronné. L'ouvrage qu'il présente est le premier livre d'esthétique pure qui ait paru en France; il est intitulé *Grammaire des Arts du dessin,* et forme un traité complet des lois qui régissent l'architecture, la sculpture, la peinture, les jardins, la glyptique, la gravure et tous les autres arts du dessin. L'auteur le destine à l'enseignement, et il remplira une lacune dans l'éducation artistique. Une plume plus compétente que la nôtre se réserve de l'apprécier et de le juger. Pour nous, il nous suffira d'en offrir un passage inédit qui montrera sa valeur.

(*L'Union*, 26 mai 1867.)   HENRY DE RIANCEY.

Cette *Grammaire* est une œuvre vraiment accomplie et tout à fait hors ligne, que la postérité, nous ne craignons pas de le dire, classera parmi les productions les plus distinguées de l'esprit français, et qui subsistera quand le temps aura submergé bien des gloires contemporaines. Nous nous laissons donc aller sans faux scrupule au plaisir trop rare d'exprimer une admiration franche, et de saluer un livre qui sera une date, et que personne n'aura jamais envie de refaire.

(*Le Temps*, 10 juin 1867.)   A. NEFFTZER.

L'ART DANS LA PARURE ET DANS LE VÊTEMENT, par M. CHARLES BLANC, membre de l'Institut. 1 fort volume in-8 cavalier, sur beau papier teinté, orné de nombreuses figures, dont 2 en couleur hors texte. Prix. . . . . 10 fr. »

L'auteur de la *Grammaire des arts du dessin* est le premier qui ait tenté de découvrir et de prouver les lois invariables qui président à ce qui semble la chose la plus variable du monde, l'art de se vêtir et de se parer. En poursuivant le but qu'il a si heureusement rempli, M. CHARLES BLANC a composé un livre curieux, original, plein d'aperçus nouveaux, et aussi intéressant à lire qu'il est utile à consulter pour la toilette des femmes et pour celle des hommes.

LIBRAIRIE ORIENTALE

ET AMÉRICAINE

DE

MAISONNEUVE & CIE

25, QUAI VOLTAIRE, A PARIS

La *Librairie Orientale et Américaine de Maisonneuve et Cie* compte aujourd'hui vingt-cinq années d'existence.

C'est en 1851, à la mort de M. Théophile Barrois, le fondateur de la TOUR DE BABEL et l'un des principaux éditeurs d'ouvrages orientaux de Paris, que M. Maisonneuve se rendait acquéreur de ses principales publications de linguistique arabe, persane, turque, etc. M. Maisonneuve, ancien associé de la maison Cormon et Blanc de Lyon, abandonnant le commerce qu'il avait fait jusque-là des éditions italiennes, espagnoles, anglaises, etc., pour se consacrer à un genre nouveau pour lui, ne conserva de son association que la librairie de théologie ancienne.

En 1867, une spécialité nouvelle fut introduite dans la maison, dont elle contribua à accroître l'importance : il s'agit des ouvrages relatifs à l'histoire ainsi qu'à la linguistique des Deux Amériques. — L'achat des collections basque et patoises de Burgaud des Marets (en 1874) vint s'ajouter encore aux différentes branches de notre établissement.

La Librairie Maisonneuve et Cie ne s'est pas bornée à poursuivre les premières publications qu'elle avait reçues de M. Barrois Elle compte aujourd'hui un assez grand nombre d'ouvrages édités par ses soins qui se recommandent suffisamment par le nom de leurs auteurs, parmi lesquels nous citerons MM.

Eugène BURNOUF, Émile BURNOUF, BRASSEUR DE BOURBOURG, CAUSSIN DE PERCEVAL, CHABAS, CHODZKO, EICHHOFF, l'abbé FAVRE, FOUCAUX, G. DE TASSY, G. GRAVIER, A. HOVELACQUE, Stanislas JULIEN, KAZIMIRSKI, F. LENORMANT, MALLOUF, MÉNANT, E. LEGRAND, J. OPPERT, PAVET DE COURTEILLE, REIFF, REINAUD, Abel RÉMUSAT, ROGET DE BELLOGUET, L. DE ROSNY, C. SATHAS, etc.

CATALOGUE

DES

LIVRES ENVOYÉS A PHILADELPHIE

ADAM. *Grammaire de la langue mandchoue.* 1873. In-8 . . . 7 fr. »

REIFF. *Grammaire française-russe.* 1860. In-8 . . . . 5 fr. »

— *English Russian Grammar.* 1862. In-8. . . . . 6 fr. »

— *Deutsch-Russische Grammatik.* 1859. In-8. . . . . . 5 fr. »

CAUSSIN DE PERCEVAL. *Grammaire arabe.* 1858. In-8 . . 6 fr. 50

BURNOUF. *Méthode pour étudier le sanscrit.* 1861. In-8. . . 5 fr. »

BURNOUF ET LEUPOL. *Selectæ e sanscriticis scriptoribus paginæ.* 1867. In-8 . . . . 6 fr. »

— *Dictionnaire sanscrit-français.* 1866. In-8 . . . . 24 fr. »

FAIDHERBE. *Essai sur la langue Poul.* 1875. In-8 . . . . 4 fr. »

LENORMANT. *Les Premières Civilisations.* 1874. 2 vol. in-12. 7 fr. »

ROSNY. *Anthologie japonaise.* 1870. In-8 . . . . 30 fr. »

OPPERT. *Grammaire sanscrite.* 1864. In-8 . . . . 8 fr. »

MARCEL. *Dictionnaire français-arabe.* 1869. In-8 . . . . . . 7 fr. »

ROGET DE BELLOGUET. *Ethnogénie gauloise.* 1868-75. 4 volumes in-8. Prix. . . . . 30 fr. »

CHABAS. *Recherches sur la XIXᵉ dynastie.* 1874. In-4. . . . 15 fr. »

ROSNY. *Les Écritures figuratives.* 1870. In-4 . . . . 8 fr. »

— *Dictionnaire des signes idéographiques de la Chine.* 1867. In-8. Prix. . . . . 20 fr. »

— *Dialogues japonais.* 1867. In-8 . . . . 5 fr. »

— *Textes japonais.* 1863. In-8 . . . . 9 fr. »

— *Traité de l'éducation des vers à soie au Japon.* 1869. In-8. 5 fr. »

MALLOUF. *Grammaire de langue turque.* 1862. In-8 . . . . 5 fr. »

63

MALLOUF. *Dictionnaire français-turc et turc-français.* 1854-67. 3 vol. In-12. . . . . 45 fr. »

LENORMANT. *La Magie chez les Chaldéens.* 1874. In-8 . . . 6 fr. 50

ROSNY. *Textes faciles en japonais.* 1873. In-8 . . . . 5 fr. »

DOZON. *Chansons populaires bulgares.* 1875. In-8 . . . . . 10 fr. »

GARCIN DE TASSY. *Rhétorique des nations musulmanes.* 1873. In-8. Prix . . . . 10 fr. »

COMPTES RENDUS *du Congrès des Orientalistes.* 1873. In-8. Vol. I. Prix . . . . 25 fr. »

VAILLANT. *Grammaire de la langue des Cigains.* 1868. In-8. 3 fr. »

GARCIN DE TASSY. *L'Islamisme.* 1874. In-8 . . . . 7 fr. 50

HALÉVY. *Mélanges d'épigraphie sémitique.* 1874. In-8. . . . 10 fr. »

EICHHOFF. *Grammaire générale indo-européenne.* 1867. In-8. 6 fr. 50

ROSNY. *Grammaire japonaise.* 1873. In-8 . . . . 5 fr. »

— *Thèmes japonais.* 1869. In-8 . . . . 5 fr. »

SCHWAB. *Traité des berakoth du Talmud de Jérusalem.* 1871. In-8. Prix . . . . 20 fr. »

BIBLIOTHÈQUE ORIENTALE. 1872. 2 vol. in-8. . . . . . 30 fr. »

KAZIMIRSKI. *Dictionnaire arabe-français.* 1860. 2 vol. in-8. . 105 fr. »

QUERRY. *Droit musulman.* 1871-72. 2 vol. in-8. . . . . . . 30 fr. »

FAVRE. *Dictionnaire malais-français.* 1875. 2 vol. in-8 . . . . 50 fr. »

BABER. *Les Mémoires,* trad. PAVET DE COURTEILLE. 1872. 2 volumes in-8. Prix . . . . 18 fr. »

BRASSEUR DE BOURBOURG. *Bibliothèque mexico-guatémalienne.* 1871. In-8 . . . . 12 fr. »

GRAVIER. *Découvertes de Cavelier de La Salle.* 1870-71. 2 vol. in-8 19 fr. »

LENORMANT. *Essai sur la propagation de l'alphabet phénicien.* 1875-72. 2 vol. in-8 . . . . 37 fr. 50

LANCEREAU. *Le Pantchatantra.* 1871. In-8 . . . . 10 fr. »

MARTIN. *Grammatica syriaca.* 1874. in-8. . . . . 4 fr. »

RÉMUSAT. *Grammaire chinoise.* 1858. In-8. . . . . 15 fr. »

DE MICHELS. *Dialogues cochinchinois.* 1871. In-8 . . . . . 20 fr. »

HOVELACQUE. *Grammaire Zende*. 1869. In-8 . . . . 10 fr. »

DE ROUGÉ. *Origine égyptienne de l'alphabet phénicien*. 1874. In-8.
Prix. . . . . 10 fr. »

MÉNANT. *Babylone et la Chaldée*. 1875. In-8. . . . . 15 fr. »

MÉNANT. *Annales des rois d'Assyrie*. 1874. In-8. . . . . . 15 fr. »

— *Grammaire assyrienne*. 1868. In-8 . . . . 15 fr. »

LENORMANT. *La Langue primitive de la Chaldée*. 1875. In-8. 25 fr. »

OLMOS. *Grammaire mexicaine*. 1875. In-8. . . . . 12 fr. »

URICOECHEA. *Gramatica, Vocabulario y Confessonario de la lengua
de Chibcha*. 1871. In-8 . . . . 20 fr. »

GRAVIER. *Découverte de l'Amérique par les Normands*. 1873. In-8.
Prix . . . . 7 fr. 50

FAVRE. *Dictionnaire javanais-français*. 1870. In-8. . . . . . 20 fr. »

ABOULFARADJ. *OEuvres grammaticales*, publ. par Martin. 1872. 2 vol.
in-8 . . . . 30 fr. »

LEGRAND. *Chansons populaires grecques*. 1874. In-8 . . . . 15 fr. »

VAN EYS. *Dictionnaire basque-français*. 1874. In-8 . . . . . 25 fr. »

— *Verbes auxiliaires basques*. 1875. In-8 . . . . . . 5 fr. »

SATHAS ET LEGRAND. *Digénis Akritas*. 1875. In-8. . . . 15 fr. »

CHODZKO. *Grammaire paléoslave*. 1869. In-8 . . . . 13 fr. »

CHABAS. *Étude sur l'antiquité historique*. 1874. In-8. . . . . 25 fr. »

UJFALVY. *Migrations des Touraniens*. 1874. in-8. . . . . . 30 fr. »

NICOLAS. *Dialogues persans-français*. 1869. In-8 . . . . . . 15 fr. »

STANISLAS-JULIEN. *Syntaxe de la langue chinoise*. 1869-1870. 2 vol.
in-8 . . . . 30 fr. »

Archives paléographiques de l'Orient et de l'Amérique. 1870-73. Vol. I. In-8.
Prix. . . . . 20 fr. »

TABARI. *Chroniques*. Trad. par Zotenberg. 1867-74. 4 vol. in-8 40 fr. »

BRASSEUR DE BOURBOURG. *Dictionnaire et Grammaire de la langue
Maya*. 1872. In-4 . . . . 30 fr. »

CHABAS. *Voyage d'un Égyptien au xiv° siècle, avant notre ère*. 1866.
In-4 . . . . 70 fr. »

ALFRED MAME ET FILS

A TOURS (FRANCE)

IMPRIMERIE — LIBRAIRIE — RELIURE

RÉCOMPENSES

PARIS (1849) : Médaille d'or, Croix de Chevalier de la Légion d'honneur. — LONDRES (1851) : Prize medal. — PARIS (1855) : Grande médaille d'honneur (unique). Onze récompenses accordées aux coopérateurs. — LONDRES (1862) : Deux médailles (imprimerie et reliure), Croix d'Officier de la Légion d'honneur.—PARIS(1867): Grand prix unique. Classes 6 et 7 (Imprimerie et Reliure). Onze récompenses accordées aux coopérateurs. — PRIX DE 10,000 FRANCS. Nouvel ordre de récompenses pour les établissements où règnent à un degré éminent l'harmonie sociale et le bien-être des ouvriers. — Exposition de Rome (1870) : Diplôme d'honneur. — VIENNE (1873) : M. Alfred Mame, hors concours comme membre du jury, est nommé Commandeur de la Légion d'honneur. La Maison ALFRED MAME ET FILS a obtenu, en outre, de grandes récompenses aux expositions de Porto (1868) et d'Amsterdam (1869).

La Maison Mame, fondée à Tours au commencement de ce siècle, est universellement connue par ses livres *liturgiques* et *d'éducation* et ses grands *ouvrages illustrés*. Elle se distingue par l'esprit inattaquable de ses publications, la modicité de ses prix et une supériorité incontestable de fabrication.

L'Imprimerie, d'où sortent environ 20,000 volumes par jour, si l'on prend pour moyenne un in-12 de 10 feuilles, produit donc six millions de volumes par an. On y voit fonctionner trente machines.

Trois vastes ateliers confectionnent non-seulement des *reliures* économiques, mais encore des reliures de la plus grande richesse et d'une élégance remarquable.

La *Librairie* est répartie dans d'immenses magasins contenant un approvisionnement considérable, qui se monte à quelques millions de volumes.

Tels sont les moyens d'action de cet établissement, qui occupe dans son enceinte plus de mille personnes, et en fait vivre dans la ville de Tours et aux environs un nombre à peu près égal.

OUVRAGES EXPOSÉS

LA SAINTE BIBLE, 2 volumes grand in-folio, splendidement illustres par GUSTAVE DORÉ. 230 grandes compositions. Ornementation du texte par H. GIACOMELLI. Richement cartonné. . . . . 200 fr. »
   Splendide reliure en maroquin du Levant, poli, ornements dorés avec des fers spéciaux, tranches marbrées dorées . . . . 350 fr. »

LES JARDINS, Histoire et description, par ARTHUR MANGIN. Richement cartonné . . . . 100 fr. »

L'ÉVANGILE, Études iconographiques et archéologiques, par CH. ROHAULT DE FLEURY. Deux volumes grand in-4, ornés de cent magnifiques gravures sur acier. Riche cartonnage, toile rouge . . . . . . 50 fr. »

CHEFS-D'ŒUVRE DE LA LANGUE FRANÇAISE AU XVIIᵉ siècle. Magnifiques éditions grand in-8 jésus, papier vélin (tirages à petits nombres), avec des gravures à l'eau-forte par V. FOULQUIER.

Fables de la Fontaine. 51 grav., 1 vol., demi-rel. d'amateur . 50 fr. »

Œuvres poétiques de Boileau. 21 grav.   —   . . 50 fr. »

Les Caractères de la Bruyère. 18 gr., 1 vol. —   . . 40 fr. »

Bossuet. — Discours sur l'histoire universelle. 4 gravures, 1 vol., demi-reliure d'amateur. . . . . 30 fr. »

Les Oraisons funèbres. 7 grav. 1 vol.   —   . . 30 fr. ».

Pensées de Pascal sur la religion. 1 portrait à l'eau-forte, demi-reliure. . . . . 30 fr. »

Lettres choisies de Mᵐᵉ de Sévigné. 18 gravures., 1 vol., demi-reliure. . . . . 40 fr. »

Aventures de Télémaque, suivies des Aventures d'Aristonoüs, par FÉNELON 14 gravures., demi-reliure d'amateur, 1 vol. . . . . 35 fr. »

Théâtre de Racine, Andromaque, les Plaideurs, Britannicus, Bérénice, Bajazet. 23 sujets et un portrait (compositions de BARRIAS et de V FOULQUIER). 1 volume . . . . 40 fr. »

LA CHANSON DE ROLAND, texte critique, par Léon Gautier, professeur à l'École des chartes. Douze magnifiques eaux-fortes par Chifflart et V. Foulquier, un *fac-simile* et une carte de géographie. Deux splendides volumes grand in-8 jésus, demi-reliure d'amateur. . . 80 fr. »

BIBLIOTHÈQUE ILLUSTRÉE, collection de 12 volumes grand in-8.
— Demi-reliure, dos en chagrin, tranches dorées. Le volume. 13 fr. »

La Terre sainte. — Les Montagnes. — Les Mystères de l'Océan. — Nos Ennemis et nos Alliés. — Le Rhin allemand. — Voyage en Espagne. — Abbayes et Monastères. — L'Air et le Monde aérien. — Aventures de Robin Jouet. — Le Danube allemand. — Le Désert et le Monde sauvage. — Les plus belles Églises.

Collection de 7 volumes grand in-8. — Demi-reliure, dos en chagrin, tranches dorées. Le volume. . . . . 12 fr. »

Histoire de Notre-Seigneur Jésus-Christ. — Histoire de la sainte Vierge. — Histoire de saint Joseph. — Paris. — Les Apôtres. — L'Imitation de Jésus-Christ. — Voyage en France.

Collection de 5 volumes in-¼. — Percaline, ornements or et noir, tr. dor. Le volume. . . . . 8 fr. 50

Aventures de Robinson Crusoé. — Châteaux historiques de France. — Promenades en Italie. — Un Hiver en Égypte. — Voyages et découvertes outre-mer au xixe siècle.

BIBLIOTHÈQUE DE LA JEUNESSE, collection de 27 volumes in-8. — Percal., ornements or et noir, tranches dorées. Le vol. . 3 fr. 75

FABLES DE LA FONTAINE, illustrations de Grandville. In-12. 6 fr. 50

PROMENADES PITTORESQUES EN TOURAINE, gr. in-8. . 20 fr. »

IMITATION DE JÉSUS-CHRIST. (Traduction de Gonnelieu, grand in-8. Prix. . . . . 6 fr. 25

VIES DES SAINTS pour tous les jours de l'année, gr. in-8 . . 6 fr. 25

LA CHANSON DE ROLAND, édition classique. In-12. . . . 6 fr. »

OUVRAGES DE M. LE PLAY

LA RÉFORME SOCIALE EN FRANCE, 3 vol. in-12 brochés. 7 fr. »

L'ORGANISATION DU TRAVAIL, 1 vol. in-12 broché . . . 2 fr. »

L'ORGANISATION DE LA FAMILLE, 1 vol. in-12 broché. 2 fr. »

LA CONSTITUTION DE L'ANGLETERRE, 2 vol. in-12 br. . 4 fr. »

LITURGIE ROMAINE

MISSALE ROMANUM. Splendide édition illustrée, grand in-f°; texte noir et rouge, 600 bois dans le texte, huit gravures sur acier d'après Hallez. Splendide reliure en maroquin du Levant rouge, tranches marbrées dorées. 115 fr. »

MISSALE ROMANUM. Édition in-8, imprimée en noir et rouge, avec encadrement rouge. Maroquin du Levant bleu, ornements dorés, tranches dorées. . . . . 60 fr. »

Édition in-4, imprimée en noir et rouge, avec encadrement rouge. Chagrin premier choix, rouge, ornements dorés, tr. dor.. . 40 fr. »

HORÆ DIURNÆ. Édition imprimée en noir et rouge sur papier blanc. Chagrin premier choix, noir, tranches dorées. . . . . . 5 fr. »

Édition imprimée en noir et rouge sur papier de Chine. Chagrin premier choix, noir, ornements dorés, tranches dorées . . . . . . 6 fr. 50

BREVIARIUM ROMANUM (TOTUM). 1 volume in-12, avec une gravure sur acier. Édition imprimée en noir et rouge sur papier blanc. Chagrin premier choix, noir, tranches dorées.. . . . . 20 fr »

Édition imprimée en noir et rouge sur papier de Chine. Chagrin premier choix, noir, ornements dorés, tranches dorées.. . . . . . 22 fr. »

BREVIARIUM ROMANUM. Huit éditions en 4 volumes, ornés chacun d'une magnifique gravure sur acier. Chagrin 1er choix, tranches dorées,

Édition in-12, imprimée en noir sur papier blanc. . . . . . . 35 fr. »
— — en noir sur papier de Chine. . . . . 37 fr. »
— — en rouge et noir sur papier blanc. . . 39 fr. »
— — en rouge et noir sur papier de Chine. 41 fr. »

Édition in-32 jésus, imprimée en noir sur papier blanc. . . . . . 29 fr. 50
— — en noir sur papier de Chine. . . . 31 fr. 50
— — en noir et rouge sur papier blanc. . 32 fr. »
— — en noir et rouge sur papier de Chine 34 fr. »

HEURES ROMAINES. Compositions de A. Queyroy gravées par A. Gusman. Maroquin du Levant, 2 fermoirs argent niellé à pattes. 125 fr. »
Veau russe, noir, écusson à 2 fermoirs-joncs, argent niellé. 120 fr. »

BIBLIOTHÈQUE PIEUSE. Éditions de poche ornées d'un encadrement rouge, collection de 12 volumes. Maroquin du Levant, gardes en soie, filets dorés, tranches marbrées dorées. . . . . 130 fr. »

LIVRE DE MARIAGE, avec des instructions et des prières choisies, par Mme la comtesse de Flavigny. Richement garni en ivoire. 75 fr. »

G. MASSON

LIBRAIRE DE L'ACADÉMIE DE MÉDECINE

Place de l'École-de-Médecine, à Paris

La Librairie de G. Masson a été fondée en 1804. Elle compte donc près de trois quarts de siècle d'existence. Il est peu de branches de la science où pendant cette longue période de temps elle n'ait marqué sa place de la façon la plus honorable et la plus utile.

Plusieurs Sociétés savantes lui ont confié le soin de publier leurs actes ; ce sont : l'*Académie de médecine de Paris,* la *Société de Chirurgie,* la *Société d'Anthropologie,* la *Société médico-psychologique,* la *Société chimique de Paris.* A côté des Bulletins de ces corps savants, la librairie G. Masson édite quinze publications périodiques, qui entretiennent sans cesse son activité, et contribuent à lui donner avec tout le monde savant des relations étendues et suivies. Ce sont les *Annales de Chimie et de Physique* fondées en 1789 ; les *Annales des Sciences naturelles,* dont la collection comprend déjà 200 volumes et 4,000 planches ; la *Gazette hebdomadaire de Médecine et de Chirurgie,* qui paraît depuis vingt-trois ans et compte parmi les recueils médicaux les plus estimés de l'Europe ; les *Archives de Physiologie ;* le *Journal de Thérapeutique* de M. Gubler ; le *Journal de Pharmacie,* fondé en 1809 ; le *Journal de l'Agriculture* de M. Barral ; les *Annales agronomiques ;* le *Verger* et le *Vignoble* de MM. Mas et Pulliat ; les *Annales de Dermatologie et de Syphiligraphie ;* les *Annales des maladies de l'oreille et du larynx ;* la *Revue des Sciences médicales en France et à l'étranger* de M. Hayem ; les *Annales médico-psychologiques ; la Nature, revue hebdomadaire des sciences illustrées.*

Pour la publication de ses ouvrages de fonds qui embrassent les Sciences médicales, la Physique, la Chimie, les Sciences naturelles, la Technologie, l'Agriculture, l'Horticulture, la librairie Masson a été amenée à créer un matériel de plus de 200,000 figures sur bois, toutes gravées avec le plus grand soin.

Enfin M. Masson a édité une collection d'*Atlas d'Anatomie* qui est, sans nul doute, la plus complète qui existe réunie dans une même maison.

En 1875, la librairie Masson n'a pas mis en vente moins de 140 volumes illustrés de 10,500 figures, sans tenir compte des publications périodiques dont l'ensemble forme pour une année 388 cahiers.

Les ouvrages exposés et dont nous donnons la liste ci-contre peuvent servir de spécimen du mode de fabrication adopté pour chacune des branches de cette librairie.

OUVRAGES EXPOSÉS

TRAITÉ D'ANATOMIE TOPOGRAPHIQUE, comprenant les applications à la pathologie et à la médecine opératoire, par MM. les docteurs PAULET et SARRAZIN. Atlas de 164 planches tirées en couleur sur papier teinté. Texte, 2 volumes gr. in-8. Prix : 180 fr. relié . . . . 192 fr. »

ATLAS D'ANATOMIE PATHOLOGIQUE, par M. le docteur LANCEREAUX et M. LACKERBAUER. Atlas de 64 planches tirées en couleur. Texte, 1 volume grand in-8 jésus. Prix : 80 fr. relié . . . . 90 fr. »

ARCHIVES DE PHYSIOLOGIE NORMALE ET PATHOLOGIQUE, dirigées par les docteurs BROWN-SEQUARD, CHARCOT et VULPIAN. IIe série, tome II, 1 volume in-8, avec planches noires et en couleur, année 1875 : 25 fr.; relié . . . . 28 fr. »

TRAITÉ DE CHIMIE ÉLÉMENTAIRE, appliquée aux arts industriels, par M. GIRARDIN, recteur honoraire. 5e édition, publiée en 5 volumes in-8, avec 1,400 figures et échantillons dans le texte. Prix, broché, 48 fr.; relié . . . . 58 fr. »

LA NATURE, revue des Sciences et de leurs applications aux arts et à l'industrie. Rédacteur en chef : GASTON TISSANDIER. *La Nature* paraît le samedi de chaque semaine, par numéros de 16 pages, imprimées sur deux colonnes.

Les 5 volumes exposés correspondent aux années 1873-74-75. Tome I à V. Prix : 50 fr.; reliés . . . . 67 fr. 50

ŒUVRES DE VERDET. — LEÇONS D'OPTIQUE PHYSIQUE.
2 volumes in-8 faisant partie des ŒUVRES DE VERDET, PUBLIÉES
PAR SES ÉLÈVES, en 9 volumes in-8. Prix : 24 fr. ; relié. 29 fr. »

L'ouvrage complet forme 9 volumes richement illustrés ven-
dus ensemble 90 francs.

INFLUENCE DE LA PRESSION DE L'AIR SUR LA VIE DE
L'HOMME, climats d'altitude et climat de montagne, par M. le
docteur JOURDANET. 2 volumes grand in-8 jésus, avec figures
dans le texte et cartes coloriées. Prix, 30 fr ; rel. . . 45 fr. »

RECHERCHES D'ANATOMIE, DE PHYSIOLOGIE ET D'ORGA-
NOGÉNIE, pour la détermination des lois de la Genèse, par
M. le docteur CAMPANA. 1 volume in-4, avec 42 bois intercalés
dans le texte et 45 photographies sans retouches, cart. toile
anglaise. 50 fr. »

—————

TRAITÉ DE PHYSIQUE ÉLÉMENTAIRE, par MM. DRION et
FERNET, 5ᵉ édition, 1 volume in-8 avec 700 figures dans le
texte. Prix 8 fr., relié . . . . 10 fr. »

TRAITÉ ÉLÉMENTAIRE DE CHIMIE, par M. TROOST, professeur à la Faculté des sciences, 4ᵉ édition, 1 volume in-8 avec
450 figures dans le texte, prix, 8 fr. ; relié. . . . . . 10 fr. »

Ces deux ouvrages font partie de la collection d'ouvrages publiés
pour l'enseignement des sciences dans les lycées.

BIBLIOTHÈQUE . MÉDICALE DIAMANT, collection imprimée dans le format petit in-18, sur papier teinté et enrichie de nombreuses figures. — Le but de l'éditeur de cette collection est de réunir sous une forme portative une série de manuels embrassant les connaissances les plus utiles à la fois aux élèves et aux praticiens.

VOLUMES PUBLIÉS A CE JOUR :

Précis d'Hygiène privée et sociale, par M. le docteur LACASSAGNE, professeur agrégé au Val-de-Grâce. . . . . 6 fr. »

Manuel d'Ophthalmoscopie, diagnostic des maladies profondes de l'œil, par M. le docteur V. DAGUENET, médecin-major de l'armée, avec 11 figures dans le texte et une échelle typographique. . . . 4 fr. »

Les Bandages et les Appareils à fractures, par M. le docteur GUILLEMIN, avec 155 figures dans le texte.. . . . . 5 fr. »

Résumé d'Anatomie appliquée, par M. le docteur PAULET, professeur au Val-de-Grâce. 5 fr. »

Compendium de Physiologie humaine, par M. le professeur JULES BUDGE, traduit de l'allemand et annoté par M. EUGÈNE VINCENT, avec 53 figures dans le texte. . . . . 6 fr. »

Manuel du Microscope dans ses applications au diagnostic et à la clinique, par MM. DUVAL et LEREBOULLET, avec 98 figures dans le texte. 5 fr. »

Manuel d'Obstétrique, ou Aide-Mémoire de l'élève et du praticien, par M. le docteur NIELLY, avec 43 figures dans le texte. . . . 4 fr. »

———

LE LIVRE DE LA FERME ET DES MAISONS DE CAMPAGNE, publié sous la direction de P. JOIGNEAUX, par une réunion d'agronomes, 2e édition, 2 vol. gr. in-8 jésus, avec 1720 figures dans le texte. Prix 32 fr.; relié. . . . . 40 fr. »

LE VIGNOBLE, ou histoire, culture et description, avec planches coloriées, des vignes, par MM. MAS et PULLIAT, années 1874 et 1875. Prix, 50 fr.; relié. . . . . 65 fr. » Cette publication, qui durera six années, embrassera l'ensemble de l'ampélographie.

LIBRAIRIE CENTRALE D'ARCHITECTURE

Vᵛᴱ A. MOREL & Cᴵᴱ

LIBRAIRES-ÉDITEURS

Paris. — 13, rue Bonaparte

~~~~~~~~~~~~~~~

RÉCOMPENSES OBTENUES :

En 1867 — Paris, Exposition universelle — Médaille d'or
1872 — Moscou, Exposition internationale — Médaille d'or
Croix de Saint-Stanislas de Russie
1873 — Vienne, Exposition universelle — 2 médailles de Progrès
Croix de la Couronne de fer d'Autriche

La Librairie centrale d'architecture a été fondée, en 1857, par MM. A. Morel et H. des Fossez sous la raison sociale A. Morel et Cⁱᵉ.

Il n'existait alors aucune librairie s'occupant spécialement de l'édition des livres d'architecture, d'art, d'archéologie et d'art industriel.

Depuis sa fondation, la maison a toujours poursuivi le même but : répandre le goût des arts en publiant les chefs-d'œuvre qui peuvent trouver d'utiles appréciateurs dans l'industrie, ou servir de modèles aux artistes et de renseignements aux archéologues et aux amateurs.

Ce but a été heureusement atteint, grâce au concours d'auteurs éminents tels que MM. Viollet-le-Duc, Jules Labarte, Henri Révoil, Reiber, Alfred Darcel, Letarouilly; de graveurs tels que MM. Cl. Sauvageot, A. Guillaumot, Gaucherel, Pfnor, Bury, Chappuis, Huguet, Penel, etc., et de lithographes tels que MM. Regamey, Daumont, Levié, Sanier, etc.

Les publications de la librairie Morel sont aujourd'hui très-répandues non-seulement en France, mais chez la plupart des nations étrangères, parce que les documents qu'elles contiennent sont des reproductions fidèles d'œuvres d'art d'époques et de styles divers, dignes d'être appréciés partout.

Les ouvrages spéciaux dont la propriété exclusive appartient à la maison sont aujourd'hui nombreux. Ils contiennent plus de 15,000 gravures intercalées dans les textes et plus de 12,500 planches gravées en taille-douce ou imprimées en chromolithographie.

M. H. des Fossez, qui s'était retiré en 1865, est depuis 1869, époque de la mort de M. A. Morel, seul gérant de la maison sous la raison sociale Vʳᵉ A. Morel et Cⁱᵉ.

74

OUVRAGES EXPOSÉS

DICTIONNAIRE RAISONNÉ DE L'ARCHITECTURE FRANÇAISE du XIe au XVIe siècle, par E. VIOLLET-LE-DUC. 10 volumes in-8°. 250 fr. »

DICTIONNAIRE RAISONNÉ DU MOBILIER FRANÇAIS de l'époque carlovingienne à la Renaissance. 6 vol. in-8°. . . . . . . 300 fr. »

L'ART POUR TOUS. Encyclopédie de l'Art industriel. Publication mensuelle dirigée par M. CL. SAUVAGEOT, 15 années.. . . . . 450. fr. »

HABITATIONS MODERNES, recueillies par E. VIOLLET-LE-DUC et F. NARJOUX. 2 volumes in-folio. . . . . 200 fr. »

HISTOIRE DES ARTS INDUSTRIELS AU MOYEN AGE et à l'époque de la Renaissance, par M JULES LABARTE. 2me éd. 3 vol. in-4°. 300 fr »

ARCHITECTURE ROMANE DU MIDI DE LA FRANCE, par HENRI REVOIL. 3 volumes in-folio. . . . . 260 fr. »

HISTOIRE DE L'ORNEMENT RUSSE du Xe au XVIe siècle, d'après ses monuments, par S. E. M. V. de BOUTROWSKI. 2 vol. in-folio. 400 fr. »

PEINTURES MURALES des Chapelles de Notre-Dame de Paris, par E. VIOLLET-LE-DUC et M. OURADOU. 1 volume in-folio. . . 220 fr. »

LES ARTS ARABES, Architecture, Menuiserie, Bronzes, Revêtements, etc., par M. JULES BOURGOIN. 1 volume in-folio. . . . . 200 fr. »

L'ENCYCLOPÉDIE D'ARCHITECTURE. 2me série, revue mensuelle des travaux publics et particuliers (sous la direction d'un Comité d'Architectes et d'Ingénieurs). 5 années. In-4° . . . . 200 fr. »

ARCHITECTURE ET DÉCORATION TURQUES au XVe siècle, par LÉON PARVILLÉE. 1 volume in-folio. . . . . 120 fr. »

RECHERCHES SUR LES DRAPEAUX FRANÇAIS. Oriflammes, Bannières de France, etc., par G. DESJARDINS. 1 volume in-8°. 50 fr. »

MONOGRAPHIE DU PALAIS DU COMMERCE DE LYON, par RENÉ DARDEL. 1 volume in-folio. . . . . 100 fr. »

MONOGRAPHIE DE L'HOTEL DE VILLE DE LYON, par TONY DESJARDINS. 1 volume in-folio. . . . . 160 fr. »

COLLECTION BASILEWSKI (Catalogue raisonné de la) précédé d'un Essai sur les Arts industriels, par A. DARCEL. 2 vol. in-4°.. . 250 fr »

Voir l'Exposition individuelle et le Catalogue complet
de la librairie Vve A. MOREL & Cie.

E. PLON ET CIE

IMPRIMEURS, LIBRAIRES-ÉDITEURS

FONDEURS EN CARACTÈRES

Rue Garancière, 8 et 10, à Paris

HISTOIRE

—

LITTÉRATURE

—

JURISPRUDENCE

—

OUVRAGES MILITAIRES

ET POLITIQUES

VOYAGES

—

LIVRES RELIGIEUX

—

IMPRESSIONS

TYPOCHROMIQUES

—

PUBLICATIONS ILLUSTRÉES

La Maison E. PLON et Cie est une des plus importantes et des plus complètes de Paris, puisqu'elle réunit tout ce qui concourt à la production des publications variées qu'elle édite : fonderie de caractères, imprimerie, clicherie et galvanoplastie.

Nous nous bornons à donner ici une courte notice sur les développements successifs de cette maison.

L'imprimerie dans laquelle M. HENRI PLON était entré comme associé dès 1832 s'éleva assez rapidement entre ses mains pour obtenir en 1844 la médaille d'argent à l'Exposition française.

En 1845, M. HENRI PLON, ayant associé ses frères à ses travaux, donna à la maison dont il était le chef un nouvel accroissement grâce à l'adjonction d'une fonderie en caractères dont les types sont justement estimés, et à l'emploi, alors nouveau, des presses mécaniques

En 1849, le jury de l'Exposition de l'Industrie, qui lui décernait une médaille d'or, s'exprimait ainsi :

« MM. PLON frères justifient, par de constants efforts, la réputation croissante
« de leur imprimerie. Élevés dès l'enfance par leur père, habile typographe, ils
« connaissent, aussi bien que les ouvriers les plus expérimentés, toutes les parties de
« la typographie. Ils joignent à ces connaissances la passion de leur art et le goût du
« beau. Tout ce qui sort de leurs presses porte un cachet de perfection relative qui
« est un mérite d'autant plus digne d'être loué, qu'ils impriment à la fois un très-
« grand nombre d'ouvrages de luxe et de fantaisie ; ceux même d'une fabrication cou-
« rante sont toujours exécutés avec soin.

Demeuré seul à la tête de ses affaires en 1855, M. HENRI PLON réunit à son imprimerie la maison d'édition qu'il avait personnellement fondée et lui donna un nouvel essor. En 1851, il recevait la décoration de la Légion d'honneur, et à l'Exposition universelle de 1855, la médaille d'honneur.

La Société E. PLON et Cie, qui lui a succédé en 1873, s'efforce de continuer les bonnes traditions de son prédécesseur, et tout en étendant ses affaires, elle s'applique à donner les mêmes soins à l'exécution typographique et à la correction de ses publications.

OUVRAGES EXPOSÉS

MUSÉE DES ARCHIVES NATIONALES. 1 volume grand-in-4. Prix. . . . . 40 fr. »

LE TRÉSOR DES CHARTES DE FRANCE, par A. Teulet et Alfred de Laborde. Tome I. 1 volume grand in-4. Prix . . . . . 36 fr. »

PARLEMENT DE PARIS, par E. Boutaric. Tome I. 1 vol. grand in-4. Prix . . . . 36 fr. »

TITRES DE LA MAISON DUCALE DE BOURBON, par Huillard-Bréholles. Tome I. 1 volume grand in-4. Prix . . . . . . 36 fr. »

Nota : Ces quatre volumes font partie de la grande série des publications des *Archives nationales de France* dont dix volumes ont déjà paru jusqu'à ce jour.

HISTOIRE DE FRANCE, par C. Dareste (*Grand prix Gobert*). 8 vol. in-8. Prix . . . . 72 fr. »

LE DUC DE SAINT-SIMON, par Armand Baschet. 1 volume in-8. Prix . . . . 10 fr. »

LA VIE D'UN PATRICIEN DE VENISE au xvie siècle, par Charles Yriarte. 1 vol. in-8. Prix . . . . 8 fr. »

CORRESPONDANCE INÉDITE DE LA COMTESSE DE SABRAN ET DU CHEVALIER DE BOUFFLERS, par E. de Magnieu et Henri Prat. 1 volume in-8. Prix . . . . 8 fr. »

LOUIS XVI, MARIE-ANTOINETTE et MADAME ÉLISABETH, par Feuillet de Conches. 6 volumes in-8. Prix. . . . . . 48 fr. »

M. DE BÉRULLE ET LES CARMÉLITES DE FRANCE, par M. l'abbé Houssaye. Tome I. 1 volume in-8. Prix . . . . 7 fr. 50
(L'ouvrage complet se compose de trois volumes : tome II, *le Père de Bérulle et l'Oratoire*, et tome III, *le Cardinal de Bérulle et le Cardinal de Richelieu*.)

Nota : Les six ouvrages qui précèdent font partie d'une très-nombreuse collection d'ouvrages historiques édités dans le même format in-8° cavalier et dont plus de cent volumes ont déjà paru.

INGRES, SA VIE, SES TRAVAUX, SA DOCTRINE, par le Vicomte Henri Delaborde. 1 volume in-8. Prix. . . . . 8 fr. »

LETTRES ET PENSÉES D'HIPPOLYTE FLANDRIN, par le Vicomte
HENRI DELABORDE. 1 volume in-8. Prix. . . . . 8 fr. »

THORVALDSEN, SA VIE ET SON ŒUVRE, par EUGÈNE PLON. 1 vol.
grand in-8. Prix. . . . . 15 fr. »

THORVALDSEN, SA VIE ET SON ŒUVRE, par EUGÈNE PLON. 1 vol.
in-16, elzevirien. Prix. . . . . 4 fr. »

LE DÉPARTEMENT DES ESTAMPES A LA BIBLIOTHÈQUE NATIO-
NALE, par le Vicomte HENRI DELABORDE. 1 volume in-16, elzevirien.
Prix. . . . . 5 fr. »

GAVARNI. L'HOMME ET L'ŒUVRE, par EDMOND et JULES DE GON-
COURT. 1 volume in-8. Prix . . . . 8 fr. »

GOYA, par CHARLES YRIARTE. 1 volume in-4. Prix. . . . . . 30 fr. »

LES PRINCES D'ORLÉANS, par CHARLES YRIARTE. 1 volume in-8.
Prix. . . . . 5 fr. »

DICTIONNAIRE TÉLÉGRAPHIQUE, ÉCONOMIQUE ET SECRET,
par H. M. GALLIAN. 1 volume in-18, cartonné. Prix. . . . 20 fr. »

L'ÉCORCE TERRESTRE, par ÉMILE WITH. 1 volume grand in-8.
Prix. . . . . 12 fr. »

HISTOIRE ET CULTURE DES ORANGERS, par A. RISSO, et A. BOI-
TEAU. 1 volume gr. in-4, cartonné. Prix. . . . . 130 fr. »

LA VIE HORS DE CHEZ SOI, par BERTALL. 1 volume grand in-8.
Prix. . . . . 20 fr. »

LA COMÉDIE DE NOTRE TEMPS (première série), par BERTALL.
1 volume gr. in-8. Prix. . . . . 20 fr. »

LA COMÉDIE DE NOTRE TEMPS (deuxième série), par BERTALL.
1 volume gr. in-8. Prix. . . . . 20 fr. »

MOLIÈRE. Œuvres complètes. 8 volumes in-32. Prix . . . . 32 fr. »

LA FONTAINE Fables. 2 volumes in-32. Prix . . . . 8 fr. »

RACINE. Œuvres. 4 volumes in-32. Prix . . . . 16 fr. »

LA ROCHEFOUCAULD. Œuvres. 1 volume in-32. . Prix . 4 fr. »

PASCAL. Pensées, Opuscules et Lettres. 2 vol. in-32. Prix. . 8 fr. »

> Nota : Ces éditions de Molière, la Fontaine, Racine, la Rochefoucauld et Pascal
> sont exposées comme spécimens de la *Collection des classiques français des Bibliophiles*,
> imprimés sur papier vélin et sur papier de Hollande, et dont 52 volumes ont paru
> jusqu'à présent.

CHEFS-D'ŒUVRE DE SHAKESPEARE, traduits en vers français, par
A. Cayrou. 2 volumes gr. in-8 raisin. Prix. . . . . 20 fr. »

VOYAGE AUTOUR DU MONDE, par le Comte de Beauvoir.
1 volume grand in-8. Prix. . . . . 20 fr. »

> Nota : Cet ouvrage a été aussi édité en trois volumes dans le format in-18; il
> fait ainsi partie d'une collection variée et déjà considérable de livres de voyages d'un
> format commode qui s'enrichit chaque jour de quelque œuvre nouvelle.

LES VILLES MORTES DU GOLFE DE LYON, par Ch. Lenthéric.
1 volume petit in-8 anglais. Prix. . . . . 5 fr. »

HISTOIRE DE N. S. JÉSUS-CHRIST, par Monseigneur Dupanloup.
1 volume grand in-8 colombier. Prix. . . . . 20 fr. »

LA VIE ET LA LÉGENDE DE MADAME SAINTE-NOTBURG, par
le Comte de Beauchesne. 1 volume grand in-8 raisin. Prix. 25 fr. »

SAINTE JEANNE-FRANÇOISE FRÉMYOT DE CHANTAL, sa vie et ses
œuvres, par la Mère de Chaugy. 2 volumes in-8. Prix . . 16 fr. »

LES VERTUS DE MARIE, traduit de l'espagnol par M. l'abbé Gaveau.
1 volume in-32. Prix . . . . 2 fr. »

L'IMITATION DE JÉSUS-CHRIST, traduit en vers français par M. l'abbé
F. Gaurel. 1 volume in-32. Prix. . . . . 4 fr. »

LES HARMONIES DU CULTE DE LA TRÈS-SAINTE VIERGE, par
M. l'abbé A. Riche. 1 volume in-18. Prix. . . . . 2 fr. 50

C. REINWALD ET Cᴵᴱ

15, rue des Saints-Pères, 15

A PARIS

LIBRAIRES-ÉDITEURS

ET COMMISSIONNAIRES POUR L'ÉTRANGER

Maison fondée le 1ᵉʳ Janvier 1849

ET AYANT DÉJA FAIT PARTIE

DE L'EXPOSITION COLLECTIVE DU CERCLE DE LA LIBRAIRIE

à Vienne en 1873

———————

La principale branche de l'activité de cette maison est l'exportation à l'étranger des productions de la littérature française, et surtout leur exportation pour les *États-Unis de l'Amérique du Nord.* Aussi dans les grands centres de ce pays les maisons les plus importantes s'occupant de librairie étrangère, comme celle de M. F.-W. Christern, MM. B. Westermann et Cⁱᵉ à New-York, MM. Little, Brown et Cⁱᵉ à Boston, M. Pennington à Philadelphie, M. Witter à Saint-Louis, et beaucoup d'autres maisons à New-York, Chicago, Cincinnati, etc., etc., l'honorent-elles depuis de longues années de leur confiance en la chargeant de leurs commissions pour la France.

En dehors de ces maisons de Commerce, des Établissements publics et des Bibliothèques de premier ordre ont confié à MM. Reinwald leurs intérêts en les nommant leur *Agent* pour la France, et quelques-uns même leur agent pour l'Europe entière. Parmi ces Établissements nous citons : le Harvard College à Cambridge près Boston, l'Athenæum et la Public Library à Boston, la Free Public Library à Worcester, la Public Library à Chicago, la Cornell-University Agent à Ithaca, etc., etc.

Cette maison a publié entre autres un *Catalogue annuel de la Librairie française,* années 1858 à 1869, et elle continue la publication du *Bulletin mensuel de la Librairie française,* commencé également en 1858.

L'importance de ces deux publications pour la librairie française a été reconnue par les juges les plus compétents. Le *Bulletin mensuel* s'envoie *gratuitement et franc de port* à tout établissement bibliographique ou d'instruction publique qui veut bien en faire la demande.

CATALOGUE DES LIVRES EXPOSÉS

~~~~~~~~~~

BIBLIOTHÈQUE DES SCIENCES CONTEMPORAINES.

I. La Biologie par le docteur LETOURNEAU. 1 vol. in-12. Prix broché, 4 fr. 50; relié demi-maroquin . . . . . 6 fr. 50

II. La Linguistique par A. HOVELACQUE. 1 vol. in-12. Prix broché, 3 fr. 50; relié demi-maroquin. . . . . 5 fr. 50

III. Anthropologie par le docteur TOPINARD. 1 vol. in-12. Prix broché, 5 fr.; relié demi-maroquin. . . . . . . 7 fr. »

ARCHIVES DE ZOOLOGIE expérimentale et générale publiées par H. de LACAZE-DUTHIERS, 1872-1873-1874. 3 vol. gr. in-8 avec planches. Prix des 3 volumes cartonnés. . . . 96 fr. »

CH. DARWIN. — *Origine des espèces au moyen de la sélection naturelle.* 1 vol. in-8° cart., 8 fr.; relié demi-veau. 10 fr. 50

— *De la Variation des Animaux et des Plantes sous l'action de la domestication.* 2 vol. in-8 cart. 20 fr.; rel. demi-veau. 25 fr. »

— *La Descendance de l'homme et la Sélection sexuelle.* 2 volumes in-8 cartonné, 16 fr.; relié demi-veau . . . . 21 fr. »

— *De la Fécondation des Orchidées par les Insectes.* 1 volume in-8 cartonné, 8 fr.; relié demi-veau. . . . . 10 fr. 50

— *Voyage d'un Naturaliste autour du monde.* 1 volume in-8 cartonné, 10 fr.; relié demi-veau . . . . 12 fr. 50

— *L'Expression des Émotions chez l'Homme et les Animaux.* 1 vol. in-8 cartonné, 10 fr.; relié demi-veau. . . . 12 fr. 50

CATALOGUE DE LA LIBRAIRIE FRANÇAISE publié par C. REINWALD, années 1858-1869. 12 volumes in-8. Prix, cartonné, 8 fr. par volume. . . . . 96 fr. »

NOUVEAU DICTIONNAIRE UNIVERSEL DE LA LANGUE française par P. POITEVIN. 2 volumes in-4. Prix, broché, 40 fr.; relié demi-maroquin. . . . . 50 fr. »

BULLETIN MENSUEL DE LA LIBRAIRIE FRANÇAISE pour les années 1874, 1875. In-8, prix de 2 fr. 50 par année, relié demi-maroquin. . . . . 7 fr. »

DICTIONNAIRE GÉNÉRAL DES TERMES D'ARCHITECTURE en français, allemand, anglais et italien, par DANIEL RAMÉE. 1 vol. gr. in-8°. Prix br., 8 fr.; relié demi-maroquin. 11 fr. »

HISTOIRE DE LA CRÉATION DES ÊTRES ORGANISÉS d'après les lois naturelles, par ERNEST HAECKEL. 1 vol in-8° avec grav. Prix, cartonné, 15 fr.; relié, demi-maroquin. . . . 17 fr. 50

LETTRES PHYSIOLOGIQUES par Carl Vogt. 1 vol. gr. in-8 avec grav., cart., 12 fr. 50; relié demi-maroquin . . 15 fr. »

LEÇONS SUR LES ANIMAUX UTILES ET NUISIBLES par Carl Vogt. 1 vol. in-12, broché, 2 fr. 50; relié demi-maroquin. Prix. . . . . 4 fr. 50

MANUEL D'ANATOMIE COMPARÉE, par C. Gegenbaur. 1 vol. gr. in-8 avec 319 gravures. Prix, broché, 18 fr.; relié demi-maroquin . . . . 21 fr. »

L'HOMME SELON LA SCIENCE par Louis Buchner. 1 volume in-8 avec grav., broché, 7 fr.; relié demi-maroquin. 9 fr. 50

MÉMOIRES D'ANTHROPOLOGIE par le professeur Paul Broca. 2 vol. in-8. Prix, cart., 15 fr.; rel. demi-maroquin. 20 fr. »

LE LIVRE DE LA NATURE par F. Schoedler. Tome I. in-8 avec gravures, broché, 5 fr.; relié demi-maroquin. 7 fr. 50

LE LIVRE DE LA NATURE, tome II, Ire partie : Éléments de MINÉRALOGIE, GÉOGNOSIE et GÉOLOGIE. I. in-8 avec gravures, broché, 3 fr. 50; relié demi-maroquin. . 6 fr. »

LES EAUX MINÉRALES ET LES BAINS DE MER DE LA FRANCE par le docteur P. Labarthe. 1 vol. in-12. Prix, broché, 4 fr.; relié . . . . 6 fr. »

TRAITÉ D'ANALYSE ZOOCHIMIQUE qualitative et quantitative par Gorup-Besanez. 1 vol. in-8, 138 fig., cart., 12 fr. 50; relié demi-maroquin. . . . . 15 fr. 50

INSTRUCTION SUR L'ANALYSE CHIMIQUE qualitative des substances minérales par G. Staedeler. 1 vol. in-12, cart., 2 fr. 50 relié demi-maroquin . . . . 4 fr 50

GUIDE POUR L'ANALYSE DE L'URINE par A. Casselmann. 1 vol. in-8 broché, 2 fr.; relié demi-maroquin . . . 4 fr. 50

ÉCHINOLOGIE HELVÉTIQUE par E. Desor et P. de Loriol. 1 vol. in-4 avec atlas. Prix cartonné . . . . 160 fr. »

TOXICOLOGIE CHIMIQUE par le docteur Fréd. Mohr. 1 vol. in-8 avec 56 figures. br., 5 fr. rel. demi-maroquin. 7 fr. 50

GUIDE POUR L'ANALYSE DE L'EAU, par le professeur E. Reichardt. 1 volume in-8 avec 31 figures. Broché 4 fr. 50; relié demi-maroquin . . . . 7 fr. »

EXAMEN MICROSCOPIQUE ET MICROCHIMIQUE des Fibres textiles par le docteur R. Schlesinger. 1 vol. in-8 avec 32 figures. Prix, broché, 4 fr; relié demi-maroquin. . 7 fr. »

MŒURS ROMAINES DES RÈGNES D'AUGUSTE A LA FIN DES ANTONINS, par le professeur Friedlænder. 4 vol. in-8. Prix, broché, 28 fr.; relié demi-maroquin . . . . . 38 fr. »

LA CONSTITUTION D'ANGLETERRE. Exposé historique et critique par E. FISCHEL. 2 vol. in-8. Prix, broché, 10 fr.; relié demi-maroquin. . . . . 15 fr. »

ESSAI SUR LES ŒUVRES ET LA DOCTRINE DE MACHIAVEL par PAUL DELTUF. 1 volume in-8. Prix, broché, 5 fr.; relié demi-maroquin. . . . . 7 fr. 50

LES HABITANTS PRIMITIFS DE LA SCANDINAVIE par SVEN NILSON. 1 volume in-8 avec 16 planches. Cart., 12 fr.; relié demi-maroquin . . . . 15 fr. »

LES PALAFITTES OU CONSTRUCTIONS LACUSTRES du lac de Neuchâtel par ÉDOUARD DESOR. 1 volume in-8 avec 95 fig. Prix, broché, 6 fr.; relié demi-maroquin . . . . . 9 fr. »

LE SIGNE DE LA CROIX AVANT LE CHRISTIANISME par M. G. de MORTILLET. 1 volume in-8 avec 117 fig. Prix, broché, 6 fr. ; relié demi-maroquin . . . . 9 fr. »

REVUE D'ANTHROPOLOGIE publiée sous la direction du professeur PAUL BROCA pour les années 1872-1873-1874. 3 vol. gr. in-8° avec gravures. Prix, br., 60 fr.; relié demi-maroquin. 69 fr. »

SCÈNES DE LA VIE CALIFORNIENNE par BRET-HARTE. 1 vol. in-12. Prix, broché, 2 fr.; relié demi-maroquin . . . 4 fr. »

COMME UNE FLEUR. Autobiographie traduite de l'anglais. 1 1 vol. in-12. Prix, br., 2 fr.; relié demi-maroquin. 4 fr. »

LA VIE DES DEUX COTÉS DE L'ATLANTIQUE autrefois et aujourd'hui, traduit de l'anglais par Mme de WITT. 1 vol. in-12. Prix, broché, 2 fr.; relié demi-maroquin . . 4 fr. »

LA RABBIATA ET D'AUTRES NOUVELLES par PAUL HEYSE. 1 vol. in-12. Prix, br. 2 fr.; relié demi-maroquin . . 4 fr. »

LES TRAGÉDIES DU FOYER par PAUL DELTUF. 1 vol. in-12. Prix, broché, 2 fr.; relié demi-maroquin . . . . . 4 fr. »

CHOIX DE NOUVELLES RUSSES, traduit par J.-N. CHOPIN. 1 vol. in-12. Prix, broché, 2 fr.; relié demi-maroquin. 4 fr. »

CAMPAGNE DES RUSSES DANS LA TURQUIE D'EUROPE en 1828 et 1829 par de MOLTKE. 2 vol. in-8 avec cartes. Prix, broché, 12 fr.; relié demi-maroquin. . . . . 14 fr. 50

TRAITÉ DE PRONONCIATION FRANÇAISE, et Manuel de lecture à haute voix par JULES MAIGNE. 1 vol. in-12. Prix, broché, 2 fr. 50; relié demi-maroquin . . . . 4 fr. 50

L'ANCIENNE ET LA NOUVELLE FOI. Confession par D.-J. STRAUSS. 1 vol. in-8. Prix, br., 7 fr. rel. demi-maroquin. 9 fr. 50

LIBRAIRIE ANCIENNE ET MODERNE

DE

CHARLES TANERA

ÉDITEUR DES PUBLICATIONS

DE LA

RÉUNION DES OFFICIERS

ET DES OUVRAGES

Du Général JOMINI

Du Colonel LECOMTE, du Colonel DE LA BARRE-DUPARCQ

etc., etc.

PARIS. — RUE DE SAVOIE, 6

L'Étude de l'art militaire et des sciences qui s'y rattachent a une importance qui devient de plus en plus grande. Il ne suffit pas d'être au courant de ce qui se publie chaque jour, il faut encore connaître tout ce qu'ont écrit les auteurs des temps passés. Convaincu de cette vérité, j'ai cru devoir réunir dans ma librairie tous les ouvrages qui ont trait à l'art et à l'histoire militaire depuis les Grecs et les Romains jusqu'à nos jours, et je puis offrir un *assortiment* à peu près complet de livres rares et curieux sur toutes les parties de l'art militaire telles que l'*Artillerie*, le *Génie*, la *Fortification*, la *Tactique*, les *Manœuvres*, la *Topographie*, l'*Équitation*, l'*Escrime* et l'*Histoire des guerres anciennes et modernes*. Il n'est pas possible, en se servant des cartes actuelles, d'étudier avec fruit les guerres qui ont eu lieu surtout depuis le xviie siècle, aussi ai-je cru devoir rechercher et collectionner toutes les *Cartes topographiques, tous les Plans de bataille et Plans de siège* contemporains des événements.

Je pense que les travailleurs trouveront dans les collections que j'ai formées des renseignements qui pourront leur être de la plus grande utilité.

MÉLANGES MILITAIRES

Contenant les principaux articles publiés

DANS LE

BULLETIN DE LA RÉUNION DES OFFICIERS
En 1871-1872-1873-1874-1875

13 volumes petit in–8. — Prix : 65 fr.

Par la variété des sujets qui y sont traités, cette collection est une
véritable encyclopédie militaire

INSTRUCTION

SUR LA

FORTIFICATION DES VILLES

BOURGS ET CHATEAUX

Par ALBERT DURER

1527

Traduit de l'allemand et précédé d'une introduction
historique et critique

Par A. RATHEAU

Chef de bataillon du génie, ancien élève de l'École polytechnique

1 vol. in-folio avec planches. — Prix : 20 fr.

NOTES

SUR LA

RÉGENCE DE TUNIS

Par P. ZACCONE

Capitaine au 10me de ligne

Un volume in-8 avec une grande carte. Prix : 8 fr.

CAMILLE COULET

A MONTPELLIER

LIBRAIRE-ÉDITEUR

De la *Société des Bibliophiles languedociens*

———⁓⁓⁓———

OUVRAGES EXPOSÉS

F. RABELAIS

A LA FACULTÉ DE MÉDECINE DE MONTPELLIER

AUTOGRAPHES, DOCUMENTS ET FAC-SIMILE

PUBLIÉS

Par le Dr R. GORDON

1 vol. in-4° avec gravures, imprimé sur papier a la forme

————————

HISTOIRE DE MONTPELLIER

PAR

D'AIGREFEUILLE

PREMIER FASCICULE

1 vol. grand in-4°, imprimé sur papier à la forme

FIN DE LA LIBRAIRIE

PUBLICATIONS INDIVIDUELLES

HAINCQUE DE SAINT–SENOCH

Membre de la Société de géographie, etc.

19, RUE DEMOURS — PARIS

Exposant deux ouvrages pour lesquels il a obtenu une médaille de 2ᵉ classe au Congrès des sciences géographiques de Paris, en 1875.

1° GRAND ATLAS SPHÉROÏDAL
ET UNIVERSEL

Divisé en trois parties, savoir :

PREMIÈRE PARTIE : TABLEAUX GÉNÉRAUX, OU PARTIE SCIENTIFIQUE. — La géographie appelle à son aide toutes les branches des sciences physiques et naturelles et leur promet en revanche un puissant et actif concours. Aussi le présent atlas a-t-il donné une large part à l'Astronomie, à la Cosmographie, au Magnétisme terrestre et à la Thermométrie, les vents et les courants, ces utiles auxiliaires de la navigation, y sont représentés avec leurs directions normales.

DEUXIÈME PARTIE : ATLAS SPHÉROÏDAL. — La représentation de la terre a été l'objet de la plus scrupuleuse attention.

Ramener les dix cartes qui la figurent soit en totalité, soit en partie, à un aspect plus conforme à la réalité, telle est la difficulté la plus anciennement combattue et, on peut le dire, la plus heureusement surmontée par le nouveau système de projection.

TROISIÈME PARTIE : ATLAS UNIVERSEL. — Comprenant les cinq parties du monde en quarante cartes dans lesquelles la géographie physique et politique est traitée avec le plus grand soin en faisant connaître exactement les chemins de fer, les voies de communication et les ports de toutes les parties du monde.

L'exécution typographique et la netteté du coloriage ne le cèdent en rien à l'importance du sujet et à la perfection du travail.

Prix : 110 fr.

Savoir : 1ʳᵉ partie : 24 fr. 2ᵉ partie : 24 fr. 3ᵉ partie : 62 fr.

NOTA : les deux premières parties sont déjà publiées ; la troisième partie est très-avancée. L'Amérique concernant les Planches 47 et 56 doit paraître dans le courant du mois de juin. L'Océanie suivra dans un bref délai.

2° PETIT ATLAS SPHÉROÏDAL

à l'usage des écoles primaires, mis au courant des dernières découvertes géographiques et précédé d'une introduction de M. RICHARD CORTAMBERT.

Prix : 2 fr. 90

DEUX TABLEAUX SYNOPTIQUES
COMPOSÉS DE CARTES DE L'ATLAS SPHÉROÏDAL

S'adresser, pour la vente par correspondance, à M. PHILPIN, 8, rue Lebon, 17ᵉ arrondissement. Paris.

PH. KUHFF

PROFESSEUR AU COLLÉGE CHAPTAL

Paris, 16, rue Boursault

Les langues vivantes s'apprennent pour être parlées. Des phrases de conversation ne suffisent pas à former la diction. Il faut pour cela des exercices répétés et comme un solfége de la parole. Des leçons de mémoire forcent l'élève à se redire un grand nombre de fois les mêmes termes, et lui apprennent à relier plusieurs mots dans une seule émission de voix. C'est à ces leçons que serviront de préférence les textes en vers.

Les textes en prose porteront sur des faits. Ils instruisent l'élève sur l'histoire, la géographie, les mœurs du pays dont il étudie la langue. Ils servent à la conversation par des exercices de reproduction. Ceux-ci sont organisés au moyen de questions imprimées à la suite du texte, *reproduisant* les mots du texte, et formant le canevas de la réponse. Proposés par nous en 1872-73 dans nos livres des Rhythmes allemands et anglais, ces exercices sont sanctionnés par le programme des Lycées de 1874. Ces reproductions font de la classe une séance de diction continue : elles s'adressent à l'intuition ; les notions des textes forment le jugement par les comparaisons incessantes qu'elles provoquent.

La méthode part des éléments les plus simples : la langue de l'enfant allemand de huit ans, les facultés de perception, les exercices de reproduction. Elle opère une concentration puissante des travaux de la classe qui partent du texte et y reviennent : versions, reproductions orales, écrites, thèmes d'imitation, thèmes de règles, leçons de mémoire. Elle amène les opérations intellectuelles dans leur ordre normal : *attuition,* intuition, analyse et jugement, reproduction, effort de la mémoire. Enfin elle transforme les notions acquises en une force présente ; elle leur donne la vie en faisant d'elles une virtuosité. Pour toutes ces raisons elle est organique.

Ces textes de vers et de prose, et ces facultés mises en jeu, élèvent les leçons de langue au rang d'Humanités modernes. Chose remarquable, par elles sont évoquées des forces intellectuelles antérieures et absolument complémentaires de celles développées par les langues mortes. Ces humanités modernes donnent aux Études de nos Lycées, par la culture des facultés premières, une base qui leur manque depuis des siècles.

LES HUMANITÉS MODERNES
MÉTHODE ORGANIQUE

LANGUE FRANÇAISE

1° *Les Enfantines du Bon Pays de France*. (Le Livre des mères.)

2° *Rimes et Dictons pour Petits et Grands*. (Le Livre des hommes.)

Ces recueils ont pour but de rassembler et de nous reconstituer en France les éléments d'une littérature populaire.

LANGUE ALLEMANDE

3° *Rhythmus und Reim* (les Rhythmes et les Rimes). *Le Livre des leçons*. Textes allemands avec exercices et grammaire à l'usage des classes inférieures.

La poésie exprime des sentiments et des idées morales qui la rendent digne de l'effort de la leçon. Le rhythme fait apprendre sans difficulté la succession des mots et des phrases. La rime frappe l'oreille par le retour des mêmes sons. Les mots sont presque tous des monosyllabes à son plein. La construction est simple, les phrases sont courtes et dépouillées d'incidentes.

4° *Spruch und Sprache lied und Legende*. Contes et Poésies, Dictons, Conversation. Textes en vers et en prose. Reproductions orales et écrites. Thèmes d'imitation. Thèmes de Règles : 1re partie : Les verbes forts. 2e partie : L'Adjectif. La Préposition. L'Adverbe. Les Verbes à particules. Fin de la partie étymologique.

5° *Form und Zahl*. (Les Formes et les Nombres.) Textes en prose. Conversation. Propositions élémentaires, empruntées à la technologie, à l'histoire naturelle, 400 gravures. 1er fascicule.

6° *La Géographie de l'Allemagne, en allemand*. Lectures géographiques, textes tirés des écrivains allemands, avec 14 cartes et gravures.

Nous avions fait établir les cartes de ce livre dès l'année 1871. Nous l'avions annoncé en 1872-1873. En 1874 le programme des lycées en a sanctionné l'idée en inscrivant dans les mêmes termes au programme de la classe de troisième, la géographie de l'Allemagne, en allemand.

LANGUE ANGLAISE

7° *Les Rhythmes et les Rimes*. Textes, exercices et grammaire, par MM. Kuhff et Eissen, directeurs des langues vivantes à l'Ecole Monge.

Le choix porte sur les poésies enfantines et populaires. Elles sont simples, faciles, et ont quelque chose de classique : elles disent les faits et les idées, sans s'y arrêter ; elles échappent à la sensiblerie fade et énervante des poésies de Keepsake.

Ces divers volumes sont introduits avec succès dans des lycées, des collèges municipaux de la ville de Paris, et dans les écoles libres modernes, l'école Monge et l'école Alsacienne ; les rapports de MM. les Directeurs s'expriment avec éloge à leur sujet.

LIBRAIRIE

DU DICTIONNAIRE DES ARTS ET MANUFACTURES

rue Madame, 60, Paris

DICTIONNAIRE

DES

Arts et Manufactures

ET DE L'AGRICULTURE

OU

ENCYCLOPÉDIE TECHNOLOGIQUE

PAR M. CH. LABOULAYE

Secrétaire de la Société d'Encouragement pour l'Industrie nationale
Membre du Jury aux Expositions de 1862 et 1867

ET UNE RÉUNION DE SAVANTS, D'INGÉNIEURS ET DE FABRICANTS

QUATRIÈME ÉDITION

Revue et considérablement augmentée, formant 4 forts volumes
illustrés de 500 gravures sur bois (Prix 100 fr. relié)

Cette belle publication, récemment terminée, est sans contredit aujourd'hui l'œuvre la plus complète qui existe dans aucun pays, sur l'ensemble du travail industriel. Inspirée par les admirables travaux des grands savants français de Monge, de Ponclet, de Dumas, de Boussingault, etc., ses auteurs, au lieu de se borner, comme d'habitude, à un travail purement descriptif, se sont efforcés de formuler la théorie de chaque fabrication, de mettre en lumière les principes fournis par la science industrielle pour atteindre à la perfection.

Nombre d'articles de cet ouvrage sont reconnus unanimement comme des modèles de science technologique; nous en citerons seulement quelques-uns : *Combustion, Combustibles,* par EBELMANN; *Éclairage électrique,* par L. FOUCAUT ; *Éclairage au gaz,* par M. MALLET ; *Agriculture,* par M. HERVÉ-MANGON ; *Métallurgie,* par M. DEBETTE ; *Air chaud, Air comprimé, machines à vapeur,* par M. LABOULAYE ; *Chauffage, Ventilation,* par GROUVILLE ; *Art de construction,* par BAUDE; *Faïence, étamage,* par M. BARRAL ; *Teinture,* par M. SALVÉTAT, etc.

BIBLIOTHÈQUE

DES

ARTS ET MANUFACTURES

Collection d'ouvrages traitant des sciences industrielles, de monographies d'industries complexes analysées dans tous leurs détails. Chaque volume constitue l'encyclopédie complète d'une profession; on y trouve réunis cette multitude de renseignements positifs qu'un fabricant ne peut jamais avoir sous la main en trop grand nombre, l'exposé de toutes les ressources que la théorie et la pratique peuvent fournir pour le guider dans quelque partie de son travail.

ONT DÉJA ÉTÉ PUBLIÉS

DANS LA

BIBLIOTHÈQUE DES ARTS ET MANUFACTURES

Les ouvrages suivants : 10 fr. le volume broché

APPLICATION DE LA MÉCANIQUE AUX MACHINES par A. TAFFE. 4e édition revue par M. P. BOILEAU.

TRAITÉ DE CINÉMATIQUE, par CH. LABOULAYE. 2e éd., 800 gravures.

GUIDE DU CHAUFFEUR, par P. GROUVILLE. 2 vol. et 2 atlas.

GUIDE DU MARIN, par MM. BOUTIOUX, etc., 2 vol.

GUIDE DU BRIQUETIER, par M. E. LEJEUNE.

GUIDE DU VERRIER, par M. C. BONTEMPS.

GUIDE DU FABRICANT D'ALCOOLS ET DU DISTILLATEUR par M. N. BASSET.
Volume I. Alcoolisation générale.
— II. Œnologie.
— III. Distillation.

GUIDE THÉORIQUE ET PRATIQUE DU FABRICANT DE SUCRE, par M. N. BASSET.
Volume I. Culture des plants saccharifères.
— II. Fabrication du sucre de betterave.
— III. Fabrication coloniale. Raffinage.

GUIDE DE LA FABRICATION ÉCONOMIQUE DES ENGRAIS, par M. ROBERT.

A· MÉLIOT

PROFESSEUR DE COMPOSITION MUSICALE

Avenue Joséphine, 35, Champs-Élysées, Paris

LA MUSIQUE EXPLIQUÉE

AUX GENS DU MONDE

1 vol. in-18 avec 450 exemplaires de musique et gravures sur bois

Prix, cartonné à l'anglaise, 3 fr.

Cet ouvrage, publié en 1867 et arrivé à sa 4e édition, s'adresse à tous ceux qui s'occupent de musique : professeurs, élèves, virtuoses, compositeurs, amateurs. Les uns y trouvent un aide-mémoire complet, qui remet sous leurs yeux, dans un volume de poche, tous les détails multiples de l'art musical, dont un grand nombre peut si facilement s'échapper. Les autres y trouvent un guide sûr, qui les conduit clairement et aisément dans la voie classique de l'art, et leur épargne de longues, difficiles, rebutantes et souvent impossibles recherches dans de volumineux et obscurs traités.

De nombreuses gravures et exemples musicaux rendent la lecture de ce livre facile, claire, accessible et profitable pour tout le monde.

Des tableaux de voix et d'instruments mettent sous les yeux du lecteur les dispositions orchestrales et chorales, les registres d'instruments et de voix, les différentes clefs et les échelles, de manièère à viter toute confusion.

Enfin un vocabulaire-index explique tous les termes italiens employés en musique, et fait trouver en un instant les renseignements dont on a besoin.

Ce livre est *le seul qui existe* renfermant en un si petit espace des renseignements si nombreux, si approfondis, si complets.

DIVISION DE L'OUVRAGE

Livre Premier. *Système musical.* — Chapitre I. Des sons, timbre, ntensité, intonation, durée. — Chap. II. Notation. — Chap. III. Intervalles, gammes, tons, modes. — Chap. IV. Mesures, emplois des altérations, enharmonie. — Chap. V. Mélodie, harmonie. — Chap. VI. Mouvement. — Chap. VII. Expressions, ornements. — Chap. VIII. Transposition.

Livre Deuxième. *Composition.* Chap. I. Contre-point. — Chap. II. Imitation, canon. — Chap. III. Fugue.

Livre Troisième. Exécution. — Chap. I à V. Exécution collective : voix et musique vocale ; orchestre et musique d'orchestre et de chant; église, théâtre, concert, plain-chant. — Chap. VI et VII. Exécution isolée : orgue, piano, musique de chambre ; musique pour instruments isolés.

Vocabulaire-index des termes techniques et des mots employés en musique, avec leur explication lorsqu'elle n'est pas contenue dans le volume

LA
LITTÉRATURE FRANÇAISE
DEPUIS LA FORMATION DE LA LANGUE
JUSQU'A NOS JOURS

LECTURES CHOISIES
Par le Colonel STAAFF
COMMANDEUR DE LA LÉGION D'HONNEUR
OFFICIER DE L'INSTRUCTION PUBLIQUE EN FRANCE

OUVRAGE

EN FRANCE : Désigné comme Prix aux concours généraux; distribué aux Instituteurs par S. Exc. M. le Ministre de l'Instruction publique; recommandé par la Commission des Bibliothèques, ainsi que pour le Prix et les Bibliothèques de quartier; adopté comme livre de quartier à l'École militaire de Saint-Cyr; honoré des souscriptions des Ministères de l'Intérieur, de la Guerre, de la Marine, etc.; décerné en Prix dans plusieurs lycées, etc., ainsi que compris dans les distributions de la Société Franklin, de la Ligue d'Enseignement et de l'Alliance israélite universelle, etc.

EN RUSSIE : Admis, après examen et sur la recommandation du Comité scientifique du Ministère de l'Instruction publique, par S. Exc. M. le Ministre, dans les Établissements d'enseignement.*(Lettre ministérielle du 21 Mai 1868, n° 4429.)*

EN BELGIQUE : Adopté, après examen du Conseil de perfectionnement de l'instruction moyenne, par le Ministère de l'Intérieur, comme ouvrage à placer dans les Bibliothèques des Athénées royaux et autres établissements scolaires, et comme livre de Prix. *(Lettre ministérielle du 10 Avril 1873, n° 60184.)*

EN SUISSE : Honoré de la souscription des Départements de l'Instruction publique de Genève, Neufchâtel, etc. *(Lettres ministérielles du 24 Nov. 1868 et du 20 Mars 1869.)*

Mentionné dans le discours annuel de M. le Secrétaire perpétuel de l'Académie française, en 1873.

PLAN ET PRIX DE L'OUVRAGE :

TOME I. (842-1790)	COURS 1 (842-1715) .	3 fr. »		
prix..... 7 fr. 50	COURS 2 (1715-1790)	4 fr. 50		
TOME II. (1790-1869)	COURS 3 (1830-1830)	4 fr. »	3,520 pages	
prix..... 8 fr. 50	COURS 4 (1830-1869)	4 fr. 50	**25 fr.**	
TOME III. (viv¹ en 1870)	COURS 5 (Prosateurs)	4 fr. »		
prix..... 9 fr. »	COURS 6 (Poëtes) . .	5 fr. »		

EN TROIS TOMES POUR LE SALON, LES PRIX, BIBLIOTHÈQUES ET ÉTRENNES
Dans l'intérêt de l'usage scolaire, les six COURS se vendent séparément

CHEZ MM. DIDIER ET Cie ET M. CH. DELAGRAVE
chez tous les Commissionnaires de Paris
ET DANS TOUTE LA LIBRAIRIE FRANÇAISE ET ÉTRANGÈRE

UN MOT SUR L'IDÉE PÉDAGOGIQUE DE CE LIVRE

Cet ouvrage s'adresse à la jeunesse, car il répond aux exigences les plus sérieuses de l'éducation : c'est de là qu'il tire son origine, et c'est là qu'est son but par excellence.

Dans sa disposition en 3 tomes, qui convient pour les prix et les bibliothèques, on le trouverait avec raison trop étendu pour la jeunesse des écoles, c'est pourquoi l'auteur a divisé son livre en 6 cours, *relativement* peu volumineux, *et vendables* séparément *à des prix très-abordables.*

Cette objection écartée, les amis du progrès comprendront aisément, comme l'ont compris les représentants de l'Instruction publique en France, Suède et Norwège, ainsi qu'en Belgique, Suisse, Russie, etc., où, partout, le livre a été autorisé pour les établissements scolaires, que l'abondance même des morceaux choisis constitue précisément, au point de vue pédagogique, plusieurs avantages réels.

La richesse du contenu permet de fournir un texte alimentaire pour tous les âges, *depuis cette enfance à laquelle s'adressaient les Fénelon, les La Fontaine, les Rollin, jusqu'à l'adolescence qui commence déjà à s'assimiler, sans trop de difficultés, les profondes conceptions des Pascal, des Descartes et des Montesquieu. En outre, ce cadre si rempli permet* à l'élève d'élite d'essayer l'essor de ses propres forces ; au maître, de rendre l'étude progressive *selon sa méthode ;* a tous deux de bénéficier d'une inépuisable variété, *attrayante autant qu'utile. La tâche du professeur est facilitée en ce que, choisissant entre les six cours, il est à même de s'arrêter plus particulièrement à celle des* époques littéraires qui lui paraît s'approprier le mieux aux besoins intellectuels de ses élèves.

EXTRAITS

BULLETIN DU MINISTÈRE DE L'INTÉRIEUR (Bibliothèques communales). Ce livre est un recueil choisi et annoté d'extraits de nos meilleurs écrivains; il a été très-favorablement accueilli par la Commission des Bibliothèques scolaires, qui a loué la sagacité, la prudence et le goût éclairé de l'auteur. Le ministre de l'Intérieur a souscrit a un certain nombre d'exemplaires, qu'il a fait distribuer aux bibliothèques dépendant de son administration. De concert avec S. Exc. le ministre de l'Instruction publique, il signale à l'attention des fonctionnaires municipaux cet ouvrage, comme pouvant être avantageusement placé dans les bibliothèques municipales. *(33me Année, N°s 5 et 7, p. 224.)*

REVUE DES DEUX MONDES. — L'auteur a inséré avec une sûreté de choix singulière les meilleures pages de nos meilleurs écrivains.

JOURNAL DES DÉBATS. — *Lumière* et *variété!...* Voilà en deux mots l'admirable livre du colonel Staaff.   J. Janin, *de l'Acad. française.*

REVUE SUISSE. — Nous avons dans ce livre une histoire de la littérature des pays de langue française faite sur un plan neuf et simple naturel et d'une piquante originalité.   *Louis Vuillemin.*

INDÉPENDANCE BELGE. — Ce travail se recommande par des qualités précieuses : heureux choix des morceaux cités, clarté et précision dans la disposition de l'ensemble, concision des notices, etc.

DAILY TELEGRAPH. The work is a collection in about three thousand pages of elegant extracts from the best writers of France. The author has done a difficult work admirably, his book is superior to any book of the kind that we have in English.

MAGASIN FUR DIE LITERATUR DES AUSLANDES — Jeder Abtheilung werden vortreffliche Einleitungen vorausgeschickt, die mit besonderer Sorgfalt den besten Schriftstellern entnommen sind. Das Historische ist in dieser Arbei mit großer Gründlichkeit behandelt.

VI

LA

TYPOLOGIE - TUCKER

RECUEIL DE L'IMPRIMERIE

ET DE LA LITHOGRAPHIE

REVUE BIBLIOGRAPHIQUE

PUBLICATION TRAITANT
DE LA FONDERIE EN CARACTÈRES,
DE L'OUTILLAGE TYPO-LITHOGRAPHIQUE ET DES ARTS
ET MANUFACTURES QUI S'Y RATTACHENT

La TYPOLOGIE-TUCKER paraît tous les mois et s'adresse à MM. les typographes, les lithographes et à tous ceux qui ont des rapports avec l'Imprimerie ou la Lithographie.

Les renseignements que contient cette feuille seront toujours puisés aux sources les plus dignes de foi aussi bien que les plus pratiques.

———

L'apparition de ce périodique remonte au mois de mai 1873. A l'origine il se composait de quatre pages d'impression mensuelle. Cette feuille n'était simplement qu'une sorte de circulaire, destinée à donner des renseignements sur la fonderie en caractères. Aucune publication française analogue n'existant, il y avait à combler une lacune regrettable.

Les spécimens de caractères accompagnant le numéro mensuel

mettaient les imprimeurs de France au courant des produits d'une des plus grandes fonderies de l'Europe, actuellement la plus ancienne d'Angleterre (la maison Caslon & Cie).

Dès janvier 1874 ce périodique doubla sa pagination. Grâce au bienveillant accueil qu'il recevait — dès le principe il le dut, en grande partie, aux soins apportés à son exécution typographique — ce journal prit place dans nos périodiques français spéciaux à l'art typographique. Aussi le cadre primitif ne tarda-t-il pas à s'agrandir.

Un de nos plus distingués bibliographes, M. J.-P.-A. Madden, voulant bien donner à la *Typologie-Tucker* la primeur de ses savants et remarqués articles, « Études sur l'Imprimerie », le succès de cette feuille alla grandissant, ce qui permit d'adjoindre de nouvelles subdivisions à l'œuvre primitive.

Bien que le numéro de janvier 1876 soit de vingt-huit pages, le dernier mot de ce recueil n'est pas dit. Néanmoins la rédaction, présidée par M. Henry J. Tucker, créateur de ce journal, ne perdra jamais de vue l'objet primitif de la publication : mettre les produits divers de l'étranger, en ce qui concerne la fonderie en caractères, l'imprimerie et les arts et manufactures qui s'y rapportent, à la portée des imprimeurs typographes et lithographes français. Et cela, sans négliger de porter à la connaissance des différentes nations ce qui, dans les mêmes spécialités, se produit d'original en France. — Il est permis de se féliciter du succès sans cesse progressant, car le bon accueil que reçoit la *Typologie-Tucker* est la meilleure preuve de son incontestable utilité.

FIN DES PUBLICATIONS INDIVIDUELLES

INDUSTRIES DIVERSES

I

CH. BÉCOULET ET CIE

FABRICANTS

45, rue de Richelieu, 45, Paris.

PAPIERS D'ANGOULÊME

USINES HYDRAULIQUES ET A VAPEUR

A l'Abbaye, Barillon, le Durbet et le Marchais.

NOTICE

La Société Ch. Bécoulet et Cie est fondée dans l'Angoumois depuis 1850.

Jusqu'en 1860, elle n'a exploité qu'une fabrique, celle du Marchais; elle écoulait ses papiers en gros à Paris.

En 1861, elle se constitua avec un capital important, et fit l'acquisition d'une seconde fabrique, celle de l'Abbaye, située à la porte d'Angoulême. Elle fonda alors deux maisons pour la vente de ses produits : l'une à Paris, l'autre à la fabrique de l'Abbaye même, pour faire voyager en province.

Aujourd'hui, ces deux fabriques du Marchais et de l'Abbaye sont des établissements de premier ordre, possédant un matériel considérable et parfait qui permet de satisfaire une clientèle nombreuse et fidèle.

Les récompenses successives accordées à la Société attestent la supériorité de ses produits :

En 1862, à l'Exposition internationale de Londres, le jury lui a décerné la médaille unique ;

En 1867, à l'Exposition universelle de Paris, la médaille d'argent ;

Enfin en 1873, à la suite de l'Exposition internationale de Vienne, où ses produits étaient hors concours, M. Charles Bécoulet, son gérant qui était membre du jury, a été nommé chevalier de la Légion d'honneur.

La Société Ch. Bécoulet et Cie emploie dans ses ateliers de fabrication plus de quatre cents ouvriers, hommes, femmes et enfants ; elle fabrique principalement les beaux papiers d'Angoulême : Papiers de luxe, vélins et vergés, blancs, azurés et de toutes nuances ; — Papiers quadrillés, filigranés et réglés ; — Papiers parcheminés pour le commerce ; — Enfin tous les papiers pour les administrations et les bureaux.

La production annuelle dépasse mille tonnes, représentant un chiffre de vente de plus de deux millions de francs.

JULES BERNARD ET CIE

FABRICANTS DE PAPIERS

A PROUZEL, PRÈS AMIENS (SOMME)

~~~~~~~~~~~~~~

SOCIÉTÉ EN COMMANDITE
Fondée en 1838.

~~~~~~~~~~~~~~

DÉPOT A PARIS

CHEZ

M. ERNEST LAIR

60, rue Saint-André-des-Arts, 60

—◦—

2 MACHINES — 18 CYLINDRES

PAPIERS BLANCS, COLLÉS ET SANS COLLE, PAPIERS DE COULEURS

POUR ALBUMS ET DESSINS

GRAND AIGLE BULLE, ROSÉ ET BLEUTÉ POUR PLANS

PAPIERS VIOLETS PRÉSERVATIFS DE LA ROUILLE, POUR AIGUILLES

PAPIERS NOIRS

POUR PAQUETAGE DE BATISTE ET LINON

CANSON & MONTGOLFIER

FABRICANTS DE PAPIERS

A Vidalon-lès-Annonay (Ardèche)

DÉPOT A PARIS

RUE PALESTRO, 39 (CH. HUGUET, Gérant.)

ANCIENNE MANUFACTURE ROYALE
FONDÉE AU COMMENCEMENT DU XVIIe SIÈCLE
TROIS ÉTABLISSEMENTS COMPLETS
ET CINQ MACHINES A PAPIER
MÉDAILLES D'OR EN L'AN IX, 1806, 1819, 1823
1834, 1839, 1844, 1849
HORS CONCOURS 1855, PRIZE MEDAL, 1862, LONDRES
PARIS 1867, ARGENT
DIPLOMES D'HONNEUR, PARIS 1872 ET VIENNE 1873

LÉGION D'HONNEUR, 1831, 1849, 1868
ORDRE IMPÉRIAL ET ROYAL DE FRANÇOIS-JOSEPH, 1873

Exposent : ALBUM D'ÉCHANTILLONS

PAPIERS DIVERS

Pour dessin, lavis, calque, taille-douce, registres, impressions, actions, mandats, coquilles en vélin, vergé, réglé, façonné, écolier, etc., bulles & chemins de fer, buvards, spécialité de parchemins artificiels.

Types de papiers à dessin, à calques, parchemins, papiers pour timbres, actions, monnaie et impressions de luxe.

IV

COBLENCE *

15, rue des Missions, 15, Paris

ET 54, RUE DES SAINTS-PÈRES

EXPOSITIONS UNIVERSELLES

DE 1855, A PARIS, CHEVALIER DE LA LÉGION D'HONNEUR

DE 1855, A PARIS, MÉDAILLE DE PREMIÈRE CLASSE

DE 1861, A METZ, DIPLOME D'HONNEUR

DE 1864, FRANCO-ESPAGNOLE, DIPLOME D'HONNEUR

DE 1867, A PARIS, MÉDAILLE DE BRONZE

CO-EXPOSANT DU CERCLE DE LA LIBRAIRIE, A VIENNE ET A

PHILADELPHIE.

Médaille d'honneur de la Société des protes de la Typographie parisienne,
Membre du Comité d'organisation de l'Exposition internationale
de l'Électricité pour 1877, dirigée par M. le comte O. Halleʒ d'Arros.

Clichés en cuivre, texte et gravures, sans retrait, pour publications illustrées, telles que le *Magasin pittoresque*, l'*Illustration*, les œuvres de Gustave Doré, etc., etc.

Cahiers d'écriture, actions industrielles, ouvrages de ville, billets de banque, timbres-poste, etc.

Des notices sur les travaux de M. Coblence ont été écrites par
MM.

LOUIS FIGUIER, dans les *Merveilles de la Science*, publiées par
Furne, Jouvet et Cie, et dans la *Presse*.

BABINET (de l'Institut), dans la *Revue des Deux Mondes* et dans
l'*Indépendance belge*.

ÉMILE BOURDELIN, dans le *Monde illustré* et dans la *Vogue parisienne*.

HALLBERGER (de Stuttgart), dans *Uber Land und Meer*.

JEUNESSE, dans les *Annales du Génie civil*, dirigées et publiées par
Eugène Lacroix.

BRANDELY, dans le *Manuel de Galvanoplastie*, publié par Roret.

~~~~~~~~~~

EXTRAIT DU RAPPORT OFFICIEL DU JURY MIXTE INTERNATIONAL
DE L'EXPOSITION UNIVERSELLE DE 1855.

M. Coblence est le premier qui, à Paris, ait appliqué effectivement la
galvanoplastie, d'abord à la typographie, puis à d'autres industries.

« Ses titres à la priorité pratique sont constatés ; ils sont *antérieurs de
six ans* à l'Exposition universelle de Londres (1851).

« M. Coblence était simple ouvrier compositeur dans une imprimerie
de Paris.

« Il a aujourd'hui (1855) des relations commerciales non sans importance.

« Son désintéressement exagéré égale son intelligence ; il communique
sans hésiter tous ses procédés à des confrères, à des concurrents, que
des ouvriers formés par lui contribuent chaque jour à instruire.

« Les notes et les renseignements qui constatent les différents titres
de M. Coblence ont passé sous les yeux du jury ; ils émanent des sources
les plus honorables. »

C. DERRIEY

TYPOGRAPHE

RUE NOTRE-DAME-DES-CHAMPS, 6 & 12

A PARIS

INVENTEUR ET CONSTRUCTEUR DES MACHINES A NUMÉROTER
LES BILLETS DE LA BANQUE DE FRANCE

Gravure et Fonderie de Caractères simples et ornés. Vignettes
en tous genres. Traits de plume. Passe-partout carrés, ronds
et ovales. Musique et plain-chant. Réglure mobile. Filets en
lames simples, ombrés, pointillés et guillochés. Cadrats, cintrés.
Gravure de Billets de banque et Timbres-poste. Composition
et impression d'Actions, d'Obligations d'Ouvrages de luxe.

Construction de Machines à numéroter les Billets de banque.
Actions et Obligations sur presse à bras ou presse mécanique.
Petite Presse pour numéroter les Billets de banque isolément.
Presse à levier à coulisse pour numéroter les coupons d'Actions
un à un. Coupoir-biseautier divisé par points typographiques.
Machine à pointer le papier avant l'impression pour obtenir
un registre parfait. Châssis de précision avec réglettes d'acier
à vis pour serrage.

RÉCOMPENSES OBTENUES :

Bronze 1839, 1844. Argent 1849. P. M. Londres 1851. Bronze
et Argent 1855. Londres 1862. Chevalier de la Légion d'honneur 1863; Diplôme d'honneur 1864; Argent et Or 1867.
Grande Médaille d'Or. Moscou 1872. Médaille de Progrès
Vienne 1873.

EXPOSITION

Deux Spécimens-Album dont un dans la vitrine et un sur la table de l'exposition du Cercle à la disposition du public.

Un Châssis mécanique avec Numéroteurs pour numéroter les actions sur la presse à bras.

Des échantillons divers de types fondus ainsi que des filets en cuivre, zinc ou matière.

Des Numéroteurs pour châssis mécanique et presses-Derriey.
Des Molettes fondues pour numéroteurs

Des Matrices par la Galvanoplastie sur des types augmentés ou réduits.

Un modèle du Coupoir-biseautier au dixième.
Deux tableaux de gravures.

Un Châssis mécanique pour numéroter les actions fonctionnant sur une des Presses mécaniques de MM. P. Alauzet et Co, constructeurs mécaniciens à Paris. Salle des machines, Section Française.

Le prix du Spécimen-Album est de 200 francs demi-reliure et de 250 francs reliure riche, pris à Paris.

Les Commandes de Types choisis sur le Spécimen-Album peuvent être envoyées directement à M. C. Derriey ou par l'entremise d'un correspondant de Paris.

Pour les machines à numéroter les Billets de banque ou les Actions, s'entendre directement avec M. Derriey.

J.-L. HENNECART ET Cᴵᴱ

Fabricants de papiers

A ÉCHARCON

PRÈS CORBEIL (SEINE-ET-OISE)

————

DÉPOT A PARIS

9, rue des Deux-Boules, 9

〜〜〜〜〜〜

MÉDAILLES D'OR PARIS, 1834-1836

MÉDAILLE DE BRONZE PARIS, 1867

〜〜〜〜〜〜

PAPIERS D'IMPRESSION

BLANCS, COLLÉS ET SANS COLLE

ET PAPIERS DE COULEURS

LACROIX FRÈRES

A ANGOULÊME (CHARENTE)

❧

DÉPOT A PARIS

CHEZ

AUGUSTE LACROIX ET Cⁱᵉ

60, RUE MAZARINE

MÉDAILLE D'OR, 1839-1844-1849
CROIX DE LA LÉGION D'HONNEUR, 1844
MÉDAILLE A L'EXPOSITION DE LONDRES, 1851
MÉDAILLE DE PREMIÈRE CLASSE
EXPOSITION UNIVERSELLE DE PARIS, 1855
MÉDAILLE D'HONNEUR
EXPOSITION UNIVERSELLE DE LONDRES, 1862
MÉDAILLE D'OR
EXPOSITION INTERNATIONALE, 1867
la seule DÉCERNÉE pour la fabrication des papiers français
PREMIÈRE MÉDAILLE, EXPOSITION DE VIENNE, 1873

PAPIERS BLANCS ET DE COULEURS

COLLÉS ET SANS COLLE

Papiers pour Copies de lettres.

Papiers fins à lettres, vélins et vergés.

Papiers extra-fins ORIGINAL SAINT-CYBARD.

Papiers PARCHEMIN, pour titres, actions industrielles, Warrants, etc.

Papiers PARCHEMIN pelure, pour chèques, mandats, etc.

MARQUE DE FABRIQUE :

L. ✠ F.

ERNEST LAIR

60, rue Saint–André–des–Arts, 60

PARIS

<><><><><><><>

DÉPOT DE ROULEAUX

POUR TENTURES

35, Avenue de la Roquette, 35

PAPIERS EN GROS

FABRIQUES A LA CUVE

DE PAPIERS

FIDUCIAIRES POUR BILLETS DE BANQUE

MANDATS, ACTIONS ET OBLIGATIONS

POUR

Gouvernements et Administrations publiques

DES PAPETERIES DE PERDRIGEON

Au PONT-DE-SEYCHAL (Puy-de-Dôme)

IX

(*Voir la suite au verso*)

III

FABRIQUE SPÉCIALE

DE

BLANCHETS

S A N G L E S   E T   C O R D O N S

POUR

LA TYPOGRAPHIE ET LA LITHOGRAPHIE

~~~~~~~~~~

Longes pour la taille-douce

~~~~~~~~~~

MOLLETONS

POUR MOUILLEURS DE PRESSES LITHOGRAPHIQUES

Cordes à encrier, Éponges;

Lustrines, Fils, Ficelles pour la composition;

Toiles, Coutils, Calicots;

BROSSES A LESSIVE ET A ÉPREUVES, ETC., ETC.

~~~~~~~~~~

Renseignements sur l'habillage des machines typographiques

Maison fondée en 1818

CH. LORILLEUX & FILS AÎNÉ

→ BUREAUX & MAGASINS ←

16 RUE SUGER A PARIS

ENCRES D'IMPRIMERIE

TYPOGRAPHIE — LITHOGRAPHIE

FABRIQUE DE COULEURS ET VERNIS A PUTEAUX (SEINE)

FABRIQUE DE NOIRS et FUMÉE A NANTERRE SEINE

EXPOSITIONS UNIVERSELLES

PARIS 1855 — LONDRES 1862

MÉDAILLE de BRONZE — PRIZE-MEDAL

PARIS 1867

MÉDAILLE D'ARGENT

VIENNE 1873

MÉDAILLE DE PROGRÈS

SOCIÉTÉ ANONYME

DES

PAPETERIES DU MARAIS

ET DE SAINTE-MARIE

L. DUMONT, DIRECTEUR

En même temps que la Société développait et perfectionnait ses moyens de production, elle a poursuivi l'amélioration de la condition morale et physique des ouvriers employés de père en fils dans ses usines.

La création de crèches, d'asiles, d'une école, d'une chapelle, d'une bibliothèque populaire, de sociétés coopératives et de secours mutuels, la fondation d'un ouvroir dirigé par les Sœurs de Saint-Vincent-de-Paul, témoignent des préoccupations constantes de la Direction sur ce point si important, et le directeur est heureux de constater le bon esprit qui anime les ouvriers et qui assure leur bonheur en même temps que le succès de la Société.

Un album relié contient des échantillons des différents produits de la Société.

1819. Médaille d'argent, Paris.	1855. Medaille d'argent, Paris.
1834-1839-1844-1849. Médaille d'or.	1862. Londres, grande médaille.
1851. P. M. Londres.	1868. Paris, hors concours.
1873. — Vienne, grand diplôme d'honneur.	

La Société anonyme des *Papeteries du Marais et de Sainte-Marie* s'est formée en 1828 pour exploiter des moulins à papier dont l'existence remonte au commencement du xviie siècle.

Depuis 1828 les moyens de production de la Société ont été successivement développés, et elle comprend aujourd'hui douze usines avec

5 machines à papier,	27 cuves à la main pour le papier,
2 machines à doublés,	3 cuves à la main pour le carton.

400 chevaux de force hydraulique et 350 chevaux-vapeur donnent le mouvement à ce materiel dont la production journalière est d'environ 9,000 kilogrammes de papiers et cartons de toutes sortes.

Un millier d'ouvriers, dont une grande partie à la tâche, trouvent dans les différents ateliers de la Société un travail régulier et rémunerateur.

115

Afin d'obtenir plus de soin et de perfection dans le travail, une usine a été spécialement consacrée à la fabrication de chacun des produits différents de la Société.

L'usine de la *Chair-aux-Gens* produit des papiers d'impression ordinaires et des papiers doublés pour titres d'actions ou pour couvertures de livres.

L'usine du *Marais* est consacrée à la fabrication des papiers de couleur à la machine et à la main.

L'usine de *Crèvecœur* est réservée à la fabrication des billets de banque filigranés. C'est un établissement tout spécial, dont les moyens de fabrication sont brevetés et dont toute l'organisation a été combinée en vue de présenter la sécurité la plus grande aux Banques dont les billets y sont fabriqués. — Une maison est affectée au logement de chacun des commissaires spéciaux qui surveillent l'exécution des coupures des Banques de France, de Belgique et d'Italie. — Cette usine fabrique environ 50,000 billets de banque par jour.

L'usine de *La Planche* a pour spécialité la fabrication des cartons à la cuve et des couches pour l'apprêt et le satinage des papiers et des étoffes. Ces cartons se fabriquent en toutes grandeurs jusqu'à 2^m,50 sur 2^m,50.

Les cartons pour métiers à la Jacquart, pour étiquettes, pour boîtes, se fabriquent à l'usine du *Moulin-du-Pont*.

Les papiers lithographiques et de taille-douce, ainsi que les papiers surfins, sont réservés aux machines et aux cuves de *Sainte-Marie*. — C'est de cette usine que sont sortis les papiers de la *Bible* de MM. A. Mame et fils, — le papier des *Évangiles* de MM. L. Hachette et Cie,— le papier du *Rabelais* de MM. Garnier frères, — le papier des belles éditions de l'Imprimerie nationale, — les papiers chromolithographiques employés par MM. Ve Morel et Cie, Firmin Didot frères, fils et Cie, et qui figuraient à l'Exposition universelle de Vienne. — Les papiers sans filigranes pour actions et billets de banque, les papiers d'actions ou de mandats filigranés, les papiers vergés ou vélins de cuve pour exemplaires de luxe se fabriquent également à *Sainte-Marie*.

L'usine de *Pontmoulin* produit les papiers fins d'impression collés et sans colle, les coquilles à lettres et les papiers à écrire.

Les autres usines ne sont que des annexes des précédentes, dont elles préparent une partie des pâtes.

Tous les produits des usines sont expédiés jour par jour à Paris dans les magasins de la Société, où la clientèle trouve toujours un assortiment de plus de cinq cents différentes sortes de papiers et cartons.

FIN DU CATALOGUE

TABLE DES EXPOSANTS

LIBRAIRIE

PUBLICATIONS INDIVIDUELLES

INDUSTRIES DIVERSES

IMPRIMÉ A PARIS

.PAR JULES CLAYE

POUR LE CERCLE DE LA LIBRAIRIE

M DCCC LXXVI

LE CERCLE DE LA LIBRAIRIE

A OBTENU

UN GRAND DIPLOME D'HONNEUR

À L'EXPOSITION DE VIENNE

EN 1873

PARIS. — J. CLAYE, imprimeur, rue Saint-Benoît. — 11/1

www.ingramcontent.com/pod-product-compliance
Lightning Source LLC
Chambersburg PA
CBHW052208270326
41931CB00011B/2270